高等职业教育新形态一体化系列教材
广州铁路职业技术学院“双高计划”项目成果

高速铁路接触网运行与检修

赵华军◎主　编
刘德生◎主　审

中国铁道出版社有限公司

2026年·北　京

内 容 简 介

本书是根据高等职业教育铁道供电技术专业教学计划和教学大纲编写的,采用有利于职业能力和职业素养培养的项目任务式编写方式。全书围绕接触网支柱与基础检修、支持与定位装置检修、接触悬挂检修、附加悬挂检修、其他专用设施设备检修等高速铁路接触网检修内容,共5个项目15个任务,将设备认知学习、检修标准与检修工艺实践、故障案例分析等学习内容进行融合,为开展一体化课程教学提供指导性解决方案。

本书可作为高等职业院校铁道供电技术专业教学用书,也可供现场工程技术人员参考。

图书在版编目(CIP)数据

高速铁路接触网运行与检修/赵华军主编. —北京:中国铁道出版社有限公司,2024.2 (2026.1 重印)
高等职业教育新形态一体化系列教材
ISBN 978-7-113-30796-7

Ⅰ.①高… Ⅱ.①赵… Ⅲ.①高速铁路-接触网-运行-高等职业教育-教材②高速铁路-接触网-检修-高等职业教育-教材 Ⅳ.①U238②U225

中国国家版本馆 CIP 数据核字(2023)第 231151 号

书　　名: 高速铁路接触网运行与检修
作　　者: 赵华军

责任编辑: 尹　娜　　**编辑部电话:** (010)51873206　　**电子邮箱:** 624154369@qq.com
封面设计: 曾　程　高博越
责任校对: 安海燕
责任印制: 高春晓

出版发行: 中国铁道出版社有限公司(100054,北京市西城区右安门西街8号)
网　　址: https://www.tdpress.com
印　　刷: 北京铭成印刷有限公司
版　　次: 2024年2月第1版　2026年1月第2次印刷
开　　本: 787 mm×1 092 mm 1/16　**印张:** 8　**字数:** 56千
书　　号: ISBN 978-7-113-30796-7
定　　价: 32.00元

前言

本书根据培养高等职业院校技能型人才的目标要求，按照项目引领、岗位实践的工学结合人才培养模式，立足铁道供电技术专业接触网检修技术岗位，围绕接触网巡检、维护、故障处理、案例分析等核心能力要求，对接新标准新规范，结合2015年颁布的铁总运〔2015〕362号《高速铁路接触网运行维修规则》(TG/GD 124—2015)和2014年颁布的铁总运〔2014〕221号《高速铁路接触网安全工作规则》(TG/GD 108—2014)等规章标准进行编写，确保学生学习和实际工作的一致性，力求学生在提高专业能力的同时培养职业素质。本书采用项目任务式编写形式，每个项目由若干工作任务构成，将理论教学结合在具体的工作任务中完成，实现课程教学的教、学、做一体化。

全书共5个项目15个任务。项目一为接触网技术概述，项目二为支柱与基础检修，项目三为接触悬挂检修，项目四为支持与定位装置检修，项目五为其他专用设施设备检修。各项目以接触网工职业技能标准与规范为指导，以培养学生技能为目的，按照从易到难、从简单到复杂的原则进行编排，将结构认知、检修标准、检修方法等分解到各个任务中。

本书由广州铁路职业技术学院赵华军任主编，中国中铁电气化集团有限公司刘德生任主审。参与编写的有广州铁路职业技术学院陈健鑫、黄鉴标，中国中铁电气化局集团有限公司罗月兵、中国铁路广州局集团有限公司何建明。

编写本书时，编者查阅和参考了众多文献资料，从中得到了许多教益和启发，在此向参考文献的作者们致以诚挚的谢意。统稿过程中，编者所在单位有关领导和同事也给予了很多支持和帮助，在此一并表示衷心的感谢。

限于编者水平，书中难免存在疏漏和不妥之处，恳请广大读者提出宝贵意见，以便进一步完善。

编　者

2023年11月

目录

项目一　接触网技术概述

任务　接触网的组成认知

1.1　电气化铁路的组成

电气化铁路是当代最重要的一种铁路类型,电气化铁路由电力机车(除特指动车组外均含动车组,下同)和牵引供电设备两大部分组成。电力机车本身不带能源,沿途采用大量电气设备构成的牵引供电系统为电力机车提供持续的动力能源。

牵引供电系统主要是由牵引变电所和接触网(或供电轨)两大部分组成。变电所设在铁道附近,它将从发电厂经高压输电线路送过来的电能送到铁路上空的接触网中,接触网或供电轨则是向电力机车直接输送电能的电气设备,电力机车通过受电弓或集电靴从接触网或供电轨中获得所需电能。

1.2　接触网按结构形式分类

接触网按其结构形式可分为架空接触网和接触轨两种基本形式。架空式接触网又可分为柔性架空接触网和刚性架空接触网;接触轨式接触网又称为第三轨。

柔性架空接触网是沿钢轨上空呈"之"字形架设的供电力机车受电弓取流的高压输电线,接触线在受电弓的作用下有一定程度的变形,如图 1-1 所示。柔性架空接触网广泛应用于普速铁路、高速铁路、地下铁路等。

刚性接触网用汇流排取代了承力索,汇流排可以夹持固定接触线、传输电能,并靠自身的刚性保持接触线恒定的水平装置,使接触线不因重力而产生弛度。刚性接触网由支持装置、绝缘子、汇流排和接触线组成(图 1-2),一般用于隧道段。

接触轨通过集电靴将电能传输给车辆,按照集电靴从接触轨的取流方式不同,接触轨的类型可以分为上磨式、下磨式和侧磨式三种,如图 1-3 所示。

1.3　柔性架空接触网分类

高速铁路接触网主要是柔性架空接触网。柔性架空接触网大多以接触悬挂的类型来分类，一般根据其结构的不同分成简单接触悬挂和链型接触悬挂两大类。

图 1-1　柔性架空接触网

图 1-2　刚性接触网

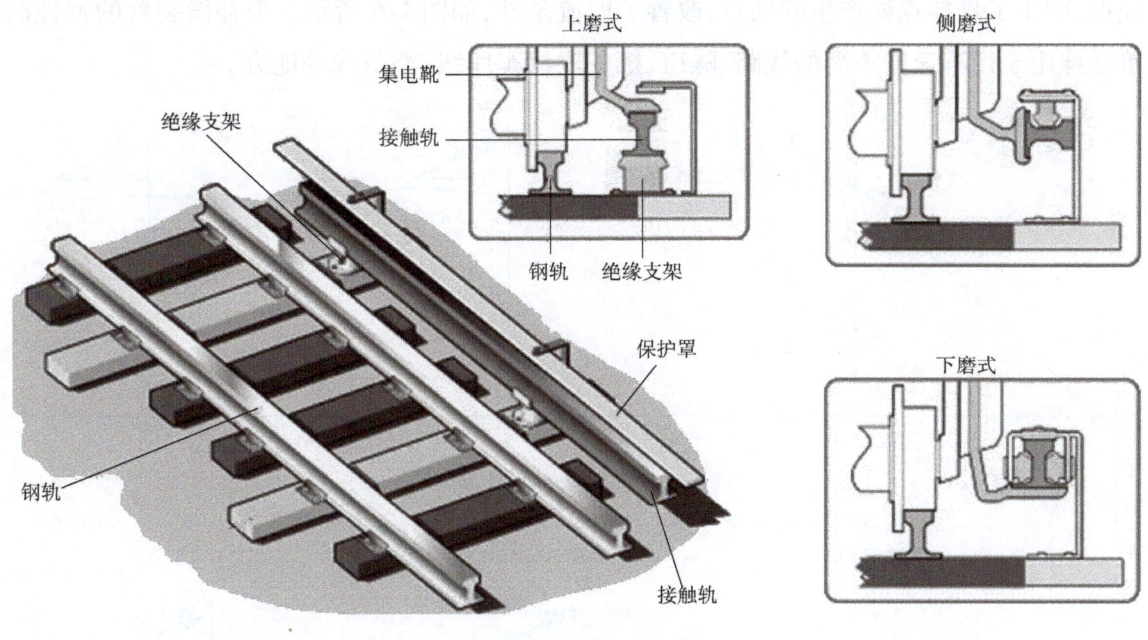

图 1-3　接触轨

1.3.1　简单接触悬挂

简单接触悬挂是由一根接触线直接固定在支柱支持装置上的悬挂形式。简单接触悬挂根据其接触线是否进行补偿，又可分为未补偿简单接触悬挂、带补偿简单接触悬挂及带补偿装置的弹性简单悬挂。

1. 未补偿简单接触悬挂

接触线(或承力索)端头同支柱的连接称为线索的下锚。下锚分两种方法，一是将线索端头通过一组绝缘子同支柱直接固定连接，称为硬锚或者未补偿下锚；另一种是加装补偿装置，以调整线索的弛度和张力，称为补偿下锚。

未补偿简单接触悬挂是将接触线直接固定在支柱上，如图 1-4 所示，在温度变化时，由于接触线热胀冷缩的物理特性，其张力和弛度变化很大。

2. 带补偿简单接触悬挂

带补偿简单接触悬挂是每个锚段接触线的两端装有张力自动补偿装置，如图 1-5 所示。由于接触线带有补偿装置，当温度变化时，接触线弛度变化不是很大，其张力几乎不变化。

3. 带补偿装置的弹性简单悬挂

带补偿装置的弹性简单悬挂系在接触线下锚处装设了张力补偿装置，以调节张力和弛度的变化。在悬挂点上加装 8 ~ 16 m 长的弹性吊索，通过弹性吊索悬挂接触线，增加了悬挂点，减少了悬挂点处产生的硬点，改善了取流条件，如图 1-6 所示。带补偿装置的弹性简单悬挂用于行车速度不高的线路、隧道、机务段机车库线、整备线等地方。

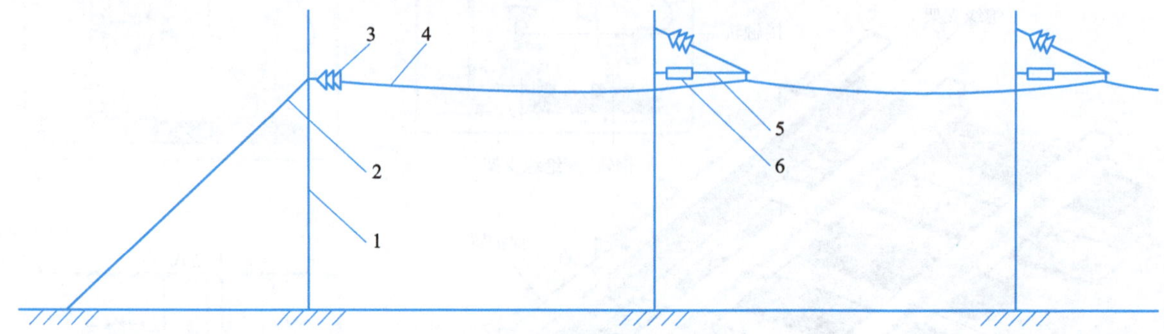

图 1-4　未补偿简单接触悬挂

1—支柱；2—下锚拉线；3—绝缘子；4—接触线；5—腕臂；6—棒式绝缘子

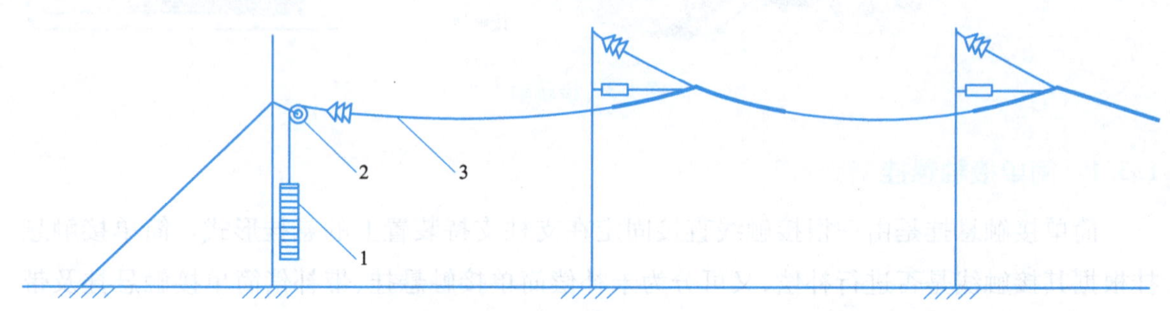

图 1-5　带补偿简单接触悬挂

1—支柱；2—补偿滑轮；3—接触线

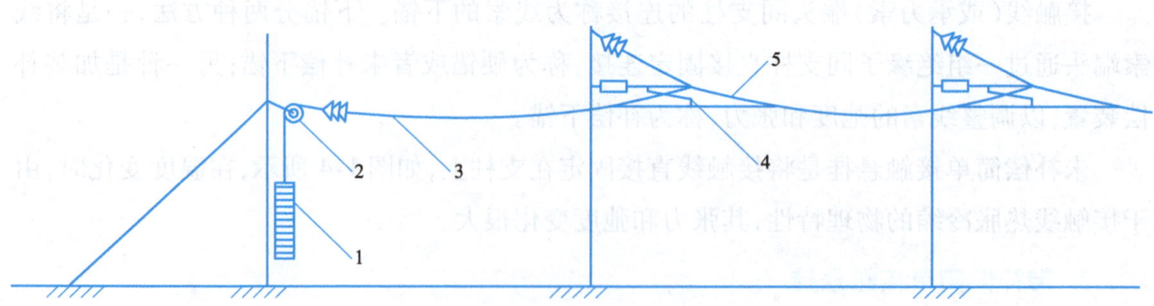

图 1-6　带补偿装置的弹性简单悬挂

1—支柱；2—补偿滑轮；3—接触线；4—定位器；5—弹性吊索

1.3.2　链型接触悬挂

链型接触悬挂（简称链型悬挂）的特点是接触线通过吊弦悬挂在承力索上，承力索在接触线的上方，利用腕臂上的承力索支撑线夹、钩头鞍子或悬吊滑轮悬挂在支持装置上。

链型悬挂的结构特点是接触线通过吊弦悬挂在承力索上，使接触线在不增加支柱的情况下增加了悬挂点，通过调节吊弦长度使接触线在整个跨距中对轨面的高度基本保持一致，减小了接触线在跨中的弛度，改善了接触线弹性，增加了接触悬挂的重量，提高了稳定性，可满足电力机车高速运行时取流的要求。

1. 链型悬挂根据线索的锚定方式分类

链型悬挂根据线索的锚定方式（即线索两端下锚的方式）可分为下列几种方式：未补偿简单链型悬挂、半补偿简单链型悬挂、全补偿简单链型悬挂、全补偿弹性链型悬挂四种。

(1)未补偿简单链型悬挂

这种悬挂方式的承力索和接触线在锚段两端均为硬锚，如图 1-7 所示。线索没有张力自动调整装置，因此，承力索和接触线在温度变化时，张力和弛度变化均很大。

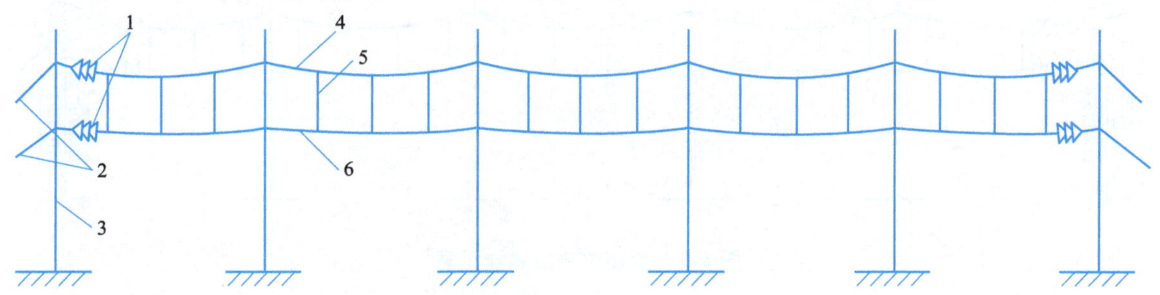

图 1-7　未补偿简单链型悬挂示意

1—承力索下锚绝缘子串；2—下锚拉线；3—下锚支柱；4—承力索；5—吊弦；6—接触线

(2)半补偿简单链型悬挂

在半补偿简单链型悬挂中，仅接触线设有张力自动调整补偿装置，而承力索没有张力自动调整补偿装置，仍为硬锚，如图 1-8 所示。

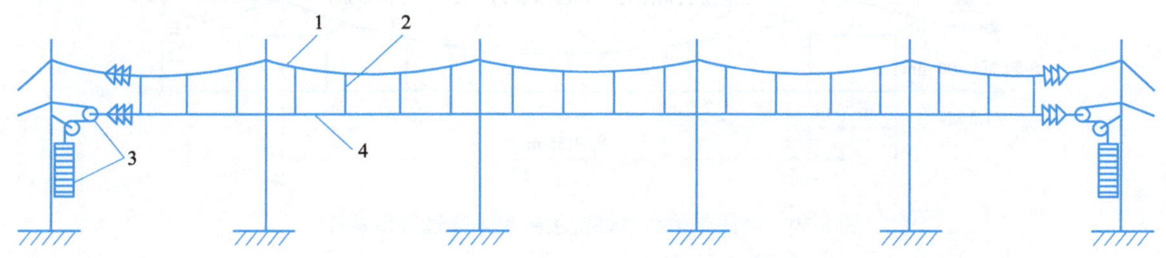

图 1-8　半补偿简单链型悬挂示意

1—承力索；2—吊弦；3—补偿装置；4—接触线

这种悬挂由于承力索未补偿，当温度变化时，承力索的张力和弛度均随之发生变化。而接触线由于两端安装有补偿器，所以当温度变化时，接触线便会顺线路方向位移。

在温度变化时，承力索的弛度变化使吊弦上端产生上、下位移，而吊弦下端随接触线发生顺线路方向偏斜。吊弦的偏斜，造成接触线纵向张力不均匀，特别是在极限温度下，使接触线在锚段中部和下锚端之间出现较大张力差。接触线张力和弹性不均匀，在支柱悬挂点处产生明显的硬点，不利于机车高速运行取流。

（3）全补偿简单链型悬挂

全补偿简单链型悬挂即在锚段中的承力索和接触线两端下锚均装设了张力自动调整补偿装置。当温度变化时，承力索和接触线的张力自动调整补偿装置自动调节补偿承力索和接触线的弛度，承力索和接触线均产生同方向纵向位移，因而吊弦偏斜大大减小，张力基本不发生变化，弹性比较均匀，有利于机车高速运行取流，因此得到广泛使用，如图 1-9 所示。

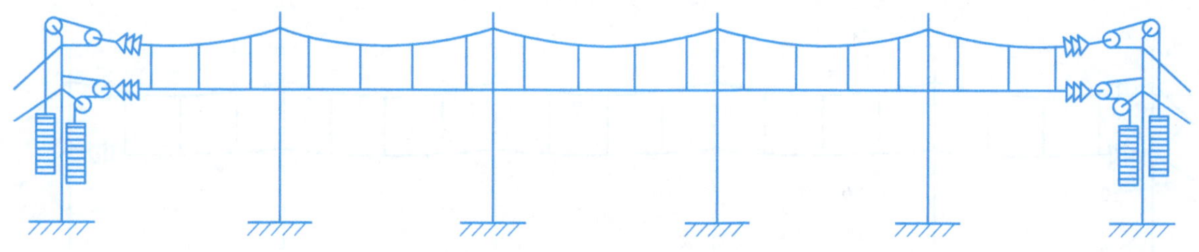

图 1-9　全补偿链型悬挂示意

（4）全补偿弹性链型悬挂

全补偿弹性链型悬挂即在悬挂点处安装有弹性吊弦的全补偿链型悬挂。由于在悬挂点处安装有弹性吊弦，极大地改善了悬挂点处的弹性。这种悬挂方式一般在高速铁路中采用，如图 1-10 所示。

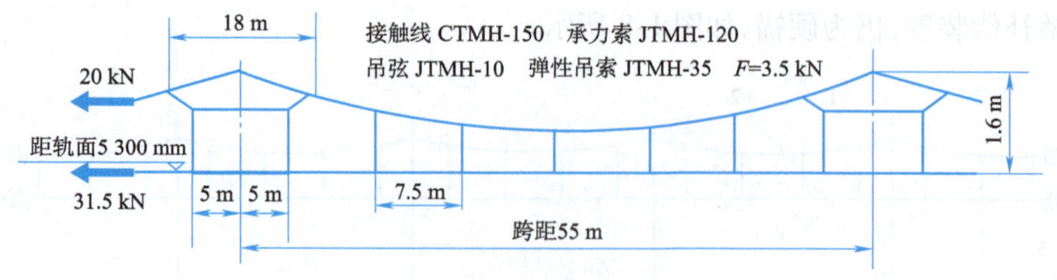

图 1-10　中国京沪高铁试验段采用的弹性链型悬挂

2. 链型悬挂根据接触线和承力索布置的相对位置分类

链型悬挂根据接触线和承力索布置的相对位置可分为下列几种方式：直链型悬挂、半斜链型悬挂、斜链型悬挂。

（1）直链型悬挂

直链型悬挂是承力索和接触线布置在同一个垂直平面内，他们在轨平面上的投影重合。在直线区段，为了使受电弓滑板均匀磨耗，接触线布置成“之”字形，承力索布置在接触线的正上方，即承力索也布置成“之”字形。在曲线地段，支柱定位处的接触线人为地把它拉向曲线外侧一个数值（称为拉出值），承力索仍在接触线的正上方，如图1-11所示。

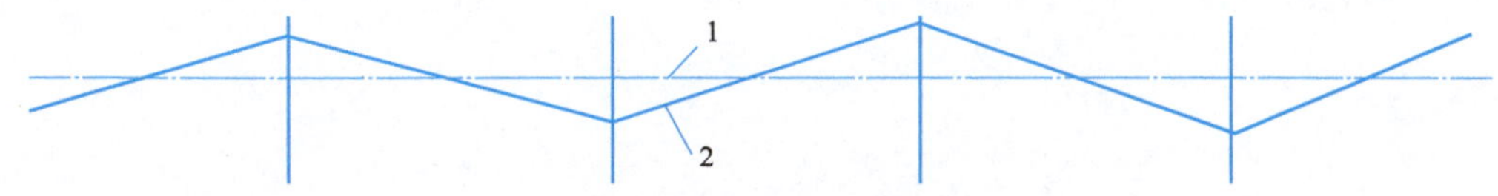

图1-11　直链型悬挂

1—线路中心线；2—接触线及承力索

（2）半斜链型悬挂

在半斜链型悬挂中，承力索沿线路中心线布置，接触线在每一支柱定位点处，通过定位装置被布置成“之”字形，承力索与接触线不在同一垂直平面内，它们的水平投影有一个较小的位移，如图1-12所示。

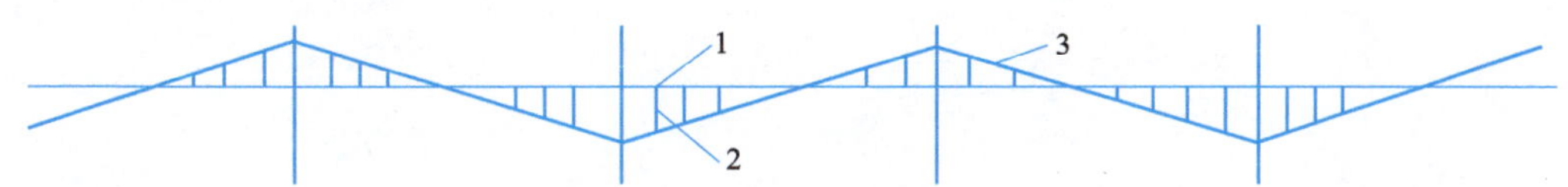

图1-12　半斜链型悬挂

1—承力索及线路中心线；2—吊弦；3—接触线

（3）斜链型悬挂

斜链型悬挂中，承力索与接触线布置的水平投影有较大的位移，吊弦安装后与铅垂方向有较大倾角，在直线区段，接触线、承力索均布置成“之”字形，但两者的“之”字形布置方向恰好相反，如图1-13所示。在曲线地段，承力索布置对铁路的线路中心线有一个较大的外侧偏移，吊弦安装的倾斜角很大，因而在支柱定位处，对接触线需采用特殊的固定方式。

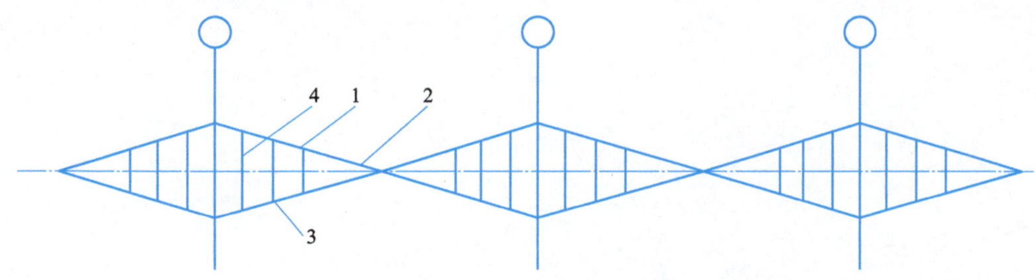

图1-13　直线上斜链型悬挂

1—接触线；2—线路中心线；3—承力索；4—吊弦

链型悬挂减小了接触线在跨距中间的弛度，改善了弹性，增加了悬挂重量，提高了稳定性，可以满足电力机车高速运行取流的要求。链型悬挂相比简单悬挂的性能较好，但也带来了结构复杂、造价高、施工和维修任务量大等许多问题。

项目二　支柱与基础检修

任务　检修支柱与基础

1.1　设备认知

支柱与基础用以承受接触悬挂、支持和定位装置的全部负荷，并将接触悬挂固定在规定的位置和高度上。我国接触网中采用预应力钢筋混凝土支柱和钢柱。基础承受支柱传给的全部负荷，并保证支柱的稳定性。预应力钢筋混凝土支柱与基础制成一个整体，下端直接埋入地下。

1.1.1　按使用材质对支柱分类

支柱是接触网中最基本、应用最广泛的支撑设备，用来承受接触悬挂与支持设备的负荷。支柱按使用材质分为预应力钢筋混凝土支柱和钢柱两大类。

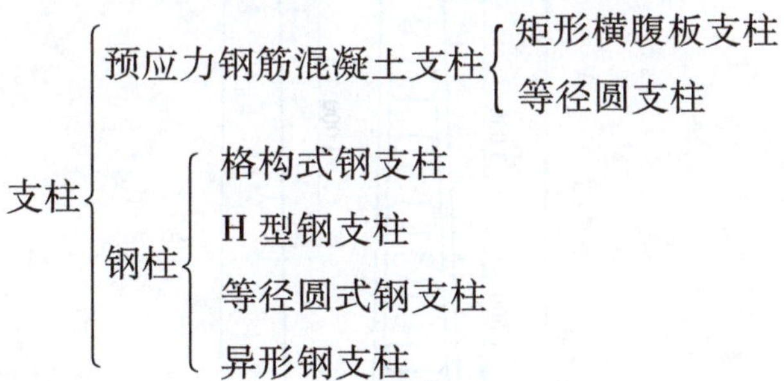

1. 预应力钢筋混凝土支柱

预应力钢筋混凝土支柱，简称为钢筋混凝土支柱，现场又称水泥支柱。它采用高强度的钢筋，在制造时预先使钢筋产生拉力，具有节省钢材、强度大、成本低、寿命长等优点。其主要缺点是支柱较笨重，且经不起碰撞，因此在运输和施工中应小心谨慎。钢筋混凝土支柱本身是一个整体结构，不需另制基础。钢筋混凝土支柱从外形上可分为矩形横腹板支柱和等径圆支柱两种。普通支柱结构如图 2-1 所示，软横跨支柱如图 2-2 所示，等径圆支柱如图 2-3 所示，其支柱型号及规格见表 2-1 和表 2-2。

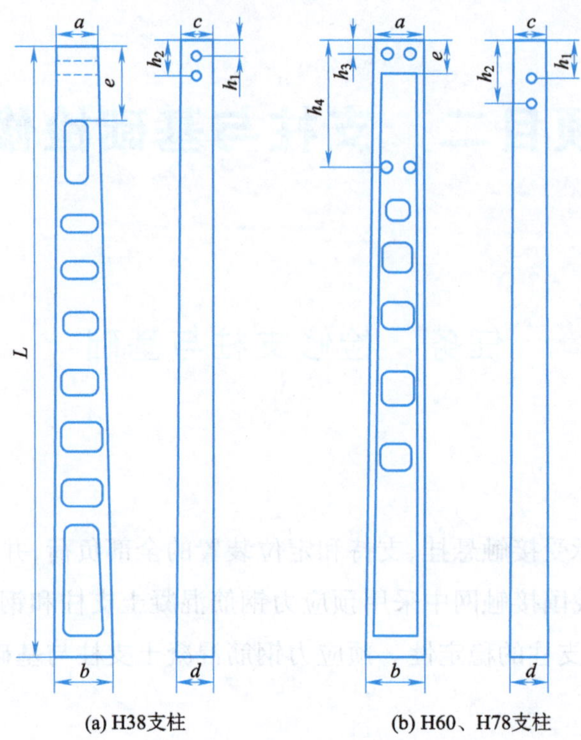

(a) H38支柱　　(b) H60、H78支柱

图 2-1　普通支柱(单位:mm)

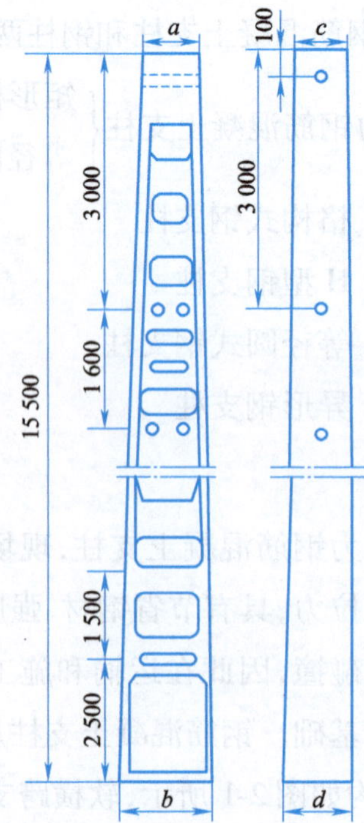

图 2-2　软横跨支柱(单位:mm)

图 2-3　等径圆支柱

表 2-1　钢筋混凝土支柱型号规格

型号	L (m)	a (mm)	b (mm)	c (mm)	d (mm)	e (mm)	h_1 (mm)	h_2 (mm)	h_3 (mm)	h_4 (mm)	质量 (kg)	使用范围
$H\frac{38}{8.7+2.6}$	11.3	267	550	196	290	900	100	200	—	—	1 330	腕臂支柱
$H\frac{38}{8.2+2.6}$	10.8	280	550	200	290	400	100	200	—	—	1 260	
$H\frac{78}{8.7+3}$	11.7	413	705	213	291	900	100	200	—	—	1 730	
$H\frac{78}{8.2+3}$	11.2	425	705	217	291	400	100	200	—	—	1 620	
$H\frac{60}{9.2+3}$	12.2	400	705	210	291	1 400	600	700	150	1 750	1 840	锚柱
$H\frac{60}{8.7+3}$	11.7	413	705	213	291	900	600	700	150	1 450	1 730	
$H\frac{90}{12+3.5}$	15.5	300	920	300	430	900	100	3 000	—	—	3 670	软横跨支柱
$H\frac{130}{12+3.5}$	15.5	300	920	300	430	900	100	3 000	—	—	3 670	
$H\frac{170}{12+3.5}$	15.5	300	920	300	430	900	100	3 000	—	—	3 670	
$H\frac{250}{15+4}$	19	400	1 160	300	427	710	—	—	—	—	—	
$H\frac{170-250}{12+3.5}$	15.5	300	920	300	430	900	100	3 000	—	—	3 670	软横跨锚柱

表 2-2　等径圆杆支柱型号规格

规格	型号	L(mm)	a(mm)	b(mm)	c(mm)	d(mm)	质量(kg)	适用范围
ϕ400	GQ60/9 +1.5	10.5	400	400	400	400	2 270	腕臂柱及 V 停开关
ϕ400	GQ80/9 +1.5	10.5	400	400	400	400	2 270	锚柱
ϕ400	GQ60/10.5 +1.5	12	400	400	400	400	2 570	腕臂柱及 V 停开关
ϕ400	GQ80/10.5 +1.5	12	400	400	400	400	2 570	锚柱
ϕ400	GQ100/10.5 +1.5	12	400	400	400	400	2 570	硬横跨支柱
ϕ400	GQ60/11.5 +1.5	13	400	400	400	400	2 790	腕臂柱及 V 停开关
ϕ400	GQ80/11.5 +1.5	13	400	400	400	400	2 790	锚柱
ϕ400	GQ100/11.5 +1.5	13	400	400	400	400	2 790	硬横跨支柱
—	GY-2	—	800	800	800	800	—	硬横跨支柱
—	GY-3(4)	—	800	1 000	800	1 000	—	硬横跨支柱
—	Gg-2	—	400	400	400	400	—	硬横跨支柱

钢筋混凝土支柱的型号命名规则示意如下：

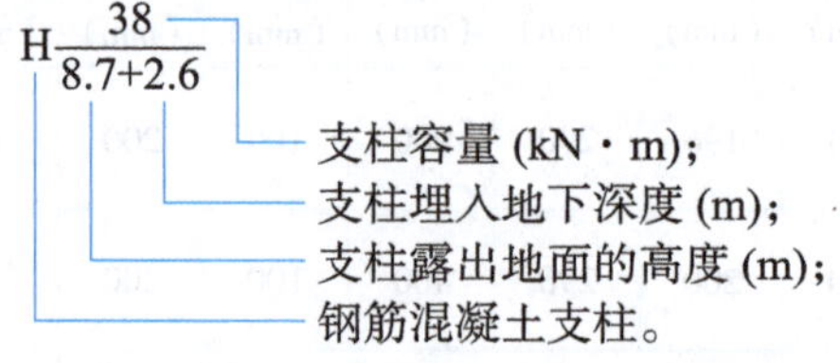

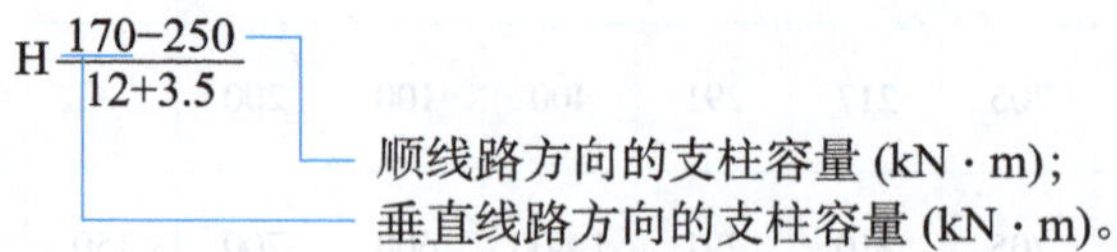

2. 钢柱

钢支柱按外形又可分为格构式钢支柱、H 型钢支柱、等径圆形钢支柱及其他异形钢支柱。

格构式钢支柱是用工字钢、槽钢或角钢焊接制成，具有支柱较轻、强度高、抗碰撞、安装运输方便等优点。根据安装使用地点不同，钢柱的型号规格及外形结构也不同。多用于站场 5 股道以上的软横跨支柱和桥梁支柱，用符号 G 表示。钢柱结构如图 2-4 所示，其支柱型号和规格型号详见表 2-3。

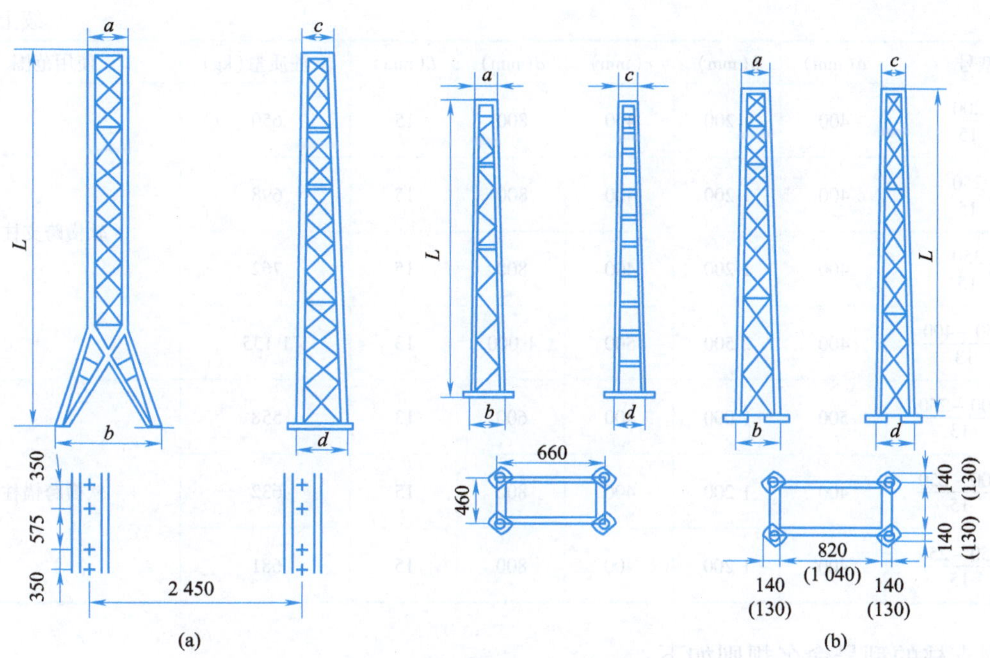

图 2-4　钢支柱结构图（单位：mm）

表 2-3　支柱型号

型号	a(mm)	b(mm)	c(mm)	d(mm)	L(mm)	支柱质量(kg)	使用范围
$G\frac{50}{9.5}$	270	600	210	400	9.5	257	桥支柱
$G\frac{70}{9.5}$	270	600	210	400	9.5	303	
$G\frac{100}{9.5}$	270	600	210	400	9.5	341	
$G\frac{50}{10}$	250	600	200	400	10	267	
$G\frac{70}{10}$	250	600	200	400	10	315	
$G\frac{100}{10}$	250	600	200	400	10	355	
$X\frac{50}{10}$	280	700	200	500	10	286	
$X\frac{100}{10}$	280	700	200	500	10	367	
$Gs\frac{150}{13}$	500	1 000	400	600	13	342	双线路腕臂支柱
$Gs\frac{200}{13}$	500	1 000	400	600	13	563	

续上表

型号	a(mm)	b(mm)	c(mm)	d(mm)	L(mm)	支柱质量(kg)	使用范围
G $\frac{200}{15}$	400	1 200	400	800	15	650	软横跨支柱
G $\frac{250}{15}$	400	1 200	400	800	15	698	
G $\frac{350}{15}$	400	1 200	400	800	15	762	
Gf $\frac{150-400}{13}$	400	2 500	500	1 000	13	1 135	
Gm $\frac{200-250}{13}$	500	1 000	400	600	13	558	软横跨锚柱
Gm $\frac{200-250}{15}$	400	1 200	400	800	15	632	
Gm $\frac{250-250}{15}$	400	1 200	400	800	15	681	

钢支柱的型号命名规则如下：

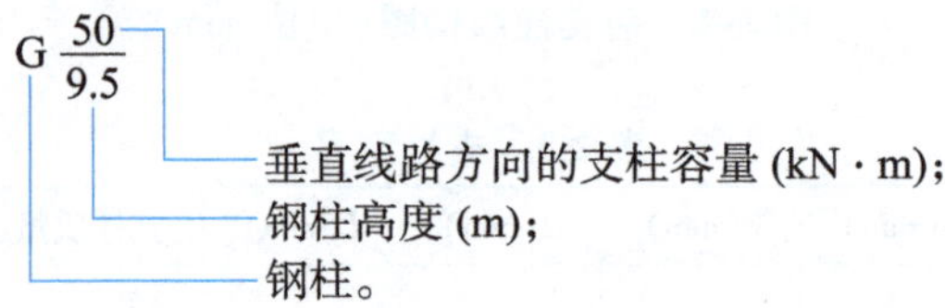

其他的钢柱型号代号：X 表示斜腿桥钢柱；Gs 表示双线路腕臂钢柱；Gx 表示带拉线的软横跨锚柱；Gm 表示带拉线钢锚柱；Gf 表示分腿式下锚钢柱。

为了适应高速铁路以桥代路的现况，并要满足占地小、自重轻、容量大、外形轻巧的要求。中国高速铁路接触网施工中大规模的使用 H 型钢柱。其具有断面尺寸小、制造和运输简单、安装方便、价格适中等优点。支柱高度范围一般为 7.5 ~ 11 m。

(1) H 型钢柱截面型式有五种，截面图如图 2-5 所示，各截面相关参数见表 2-4。

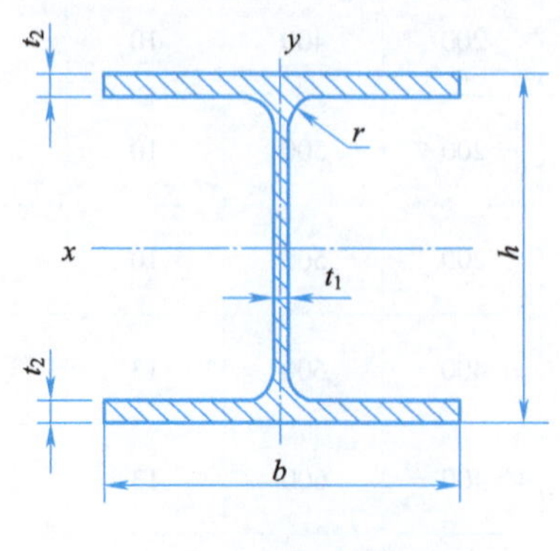

图 2-5　H 型钢柱截面

表 2-4　相关截面参数

钢柱规格	h(mm)	b(mm)	t_1(mm)	t_2(mm)	r(mm)
GH 240	240	240	10	17	21
GH 260	260	260	10	17.5	24
GH 280	280	280	10.5	18	24
GH 300	300	300	11	19	27
GHT 240	270	248	18	32	21

(2)H 型钢柱规格型号命名规则如下：

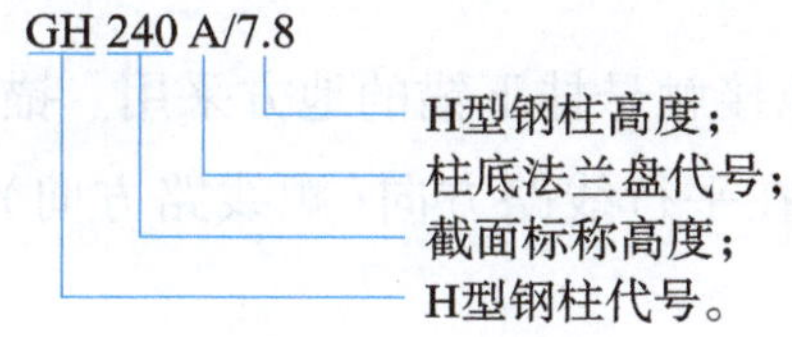

①符号含义如下：

H 型钢柱代号：GH 表示符合标准 DIN 1025-2 的 H 型钢柱；GHT 表示符合标准 DIN 1025-4 的 H 型钢柱；GHd 表示符合标准 GB/T 11263 的单 H 型钢柱；GHs 表示符合标准 GB/T 11263 的双 H 型钢柱。

截面标称高度：表示 H 型钢柱截面标称高度，单位为毫米(mm)。

法兰盘代号：表示 H 型钢柱柱底法兰盘代号，可根据设计图纸确定，可为 A、B、C、D、E 等规格。A 型法兰适用于柱底弯矩≤150 kN · m，B 型法兰适用于 150 kN · m＜柱底弯矩≤200 kN · m，C 型法兰适用于 200 kN · m＜柱底弯矩≤240 kN · m。

钢柱高度：表示为 H 型钢柱高度，单位为米(m)。

②规格示例：

GH 240A/9.5 表示符合 DIN 1025-2 的 H 型钢柱，其标称截面高度为 240 mm，法兰盘型号为 A 型，柱高 9.5 m。

1.1.2　按用途对支柱分类

接触网支柱按其用途可分为中间柱、转换柱、中心柱、锚柱、定位柱、软横跨柱和硬横梁等，如图 2-6 所示。

1. 中间柱

中间柱在区间和站场都有使用，它仅承受工作支接触悬挂的重力和风作用于悬挂上的水平力。上面仅悬挂一支接触悬挂，支柱所承受的力矩比较小。

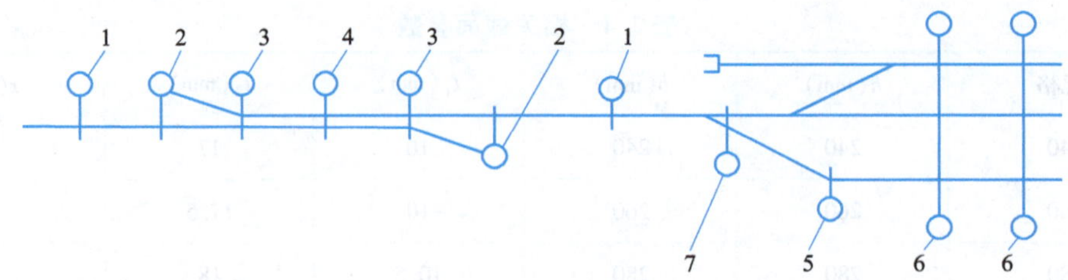

图 2-6　支柱安设位置

1—中间柱；2—锚柱；3—转换柱；4—中心柱；5—定位柱；
6—软横跨支柱；7—道岔定位柱

2. 锚柱

锚柱在锚段关节处或其他接触悬挂下锚的地方采用。锚柱承受两个方向的负荷，在垂直线路方向上起中间柱作用，在平行线路方向（顺线路方向）上承受接触悬挂下锚的全部拉力。

3. 转换柱

转换柱位于锚段关节处两锚柱之间，它同时支持两支接触悬挂，其中一支为工作支，另一支为下锚支（简称非支），受电弓在两转换支柱间进行两个锚段线索的转换。它要承受接触悬挂下锚支和工作支线索的重力和水平力。

4. 中心柱

在四跨锚段关节位于两转换之间的支柱称为中心柱，同时承受两工作支接触悬挂的重力和水平力，并使两工作支在此定位处呈水平（等高）状，且线间的距离符合要求，电力机车受电弓在此进行锚段转换。

5. 定位柱及道岔柱

定位柱多用于站场两端，为使定位接触线拉出值、线岔交叉点符合要求，保证受电弓正常接触取流而专门设置的支柱。

当接触线由于某些原因对受电弓中心偏移过大时，为确保受电弓正常接触取流不发生脱弓事故，而专门设立定位支柱。它通常仅承受接触线水平分力而不承受接触悬挂的垂直分力，一般多设于站场道岔后曲线处。由于受力较小可采用中间柱。

在站场两端道岔处，为使接触线线岔符合技术要求所规定的位置，该处往往需设立道岔支柱。

6. 软横跨、硬横梁支柱

软横跨支柱一般用于跨越多股道的站场上，由于受力较大，多选用容量较大的支柱，跨越 5 股道及以下的软横跨柱可用钢筋混凝土支柱，5 股道以上软横跨则采用钢柱。

硬横梁支柱适用于200 km/h站场,多采用等径钢管柱或格构式钢柱;硬横梁一般采用格构式角钢横梁或无缝钢管,形状有单钢管、双钢管和三钢管三种。硬横梁总体较长,不便运输和安装,常将其分成三至四段,每段之间通过螺栓连接。

1.1.3 基础

支柱基础是指埋入地下(或桥隧结构体内)用于安装支柱的结构体,其强度和稳定性要求很高,在长期受力的情况下支柱基础不得出现裂纹、倾斜和移位现象。基础承受支柱传给的全部负荷,并保证支柱的稳定性。

1. 混凝土支柱基础

按照钢筋混凝土支柱基础的设置方法,可分为直埋基础和独立基础两种类型。对于直埋基础,其地下部分起到了基础的效能,埋置深度根据支柱型号而确定。具有独立基础的钢筋混凝土支柱,要设置专门的混凝土基础,如图2-7所示。目前中国使用的横腹式混凝土支柱多属于整体式支柱,等径圆支柱多需要制作杯形混凝土基础(图2-8)或法兰盘连接基础。

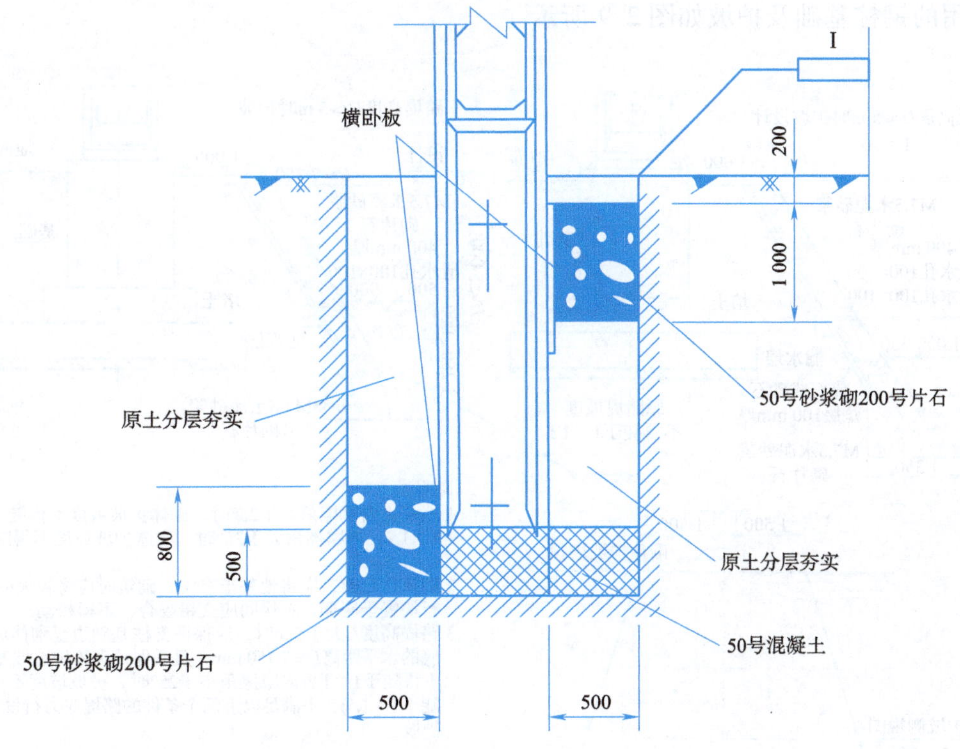

图2-7 方形混凝土支柱基础(单位:mm)

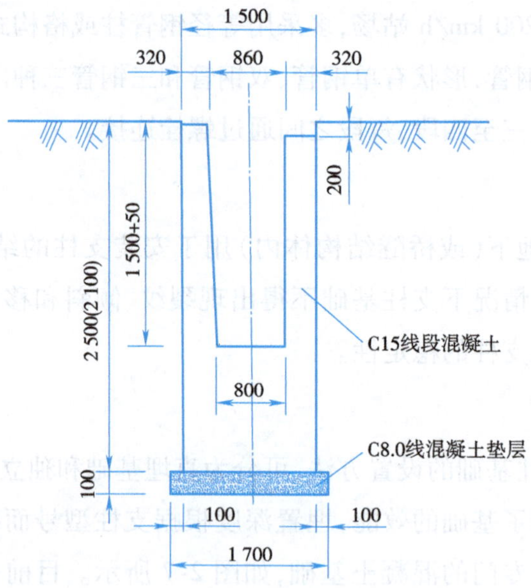

图 2-8　杯形混凝土支柱基础(单位:mm)

2. 钢柱基础

常用的钢柱基础及护坡如图 2-9 所示。

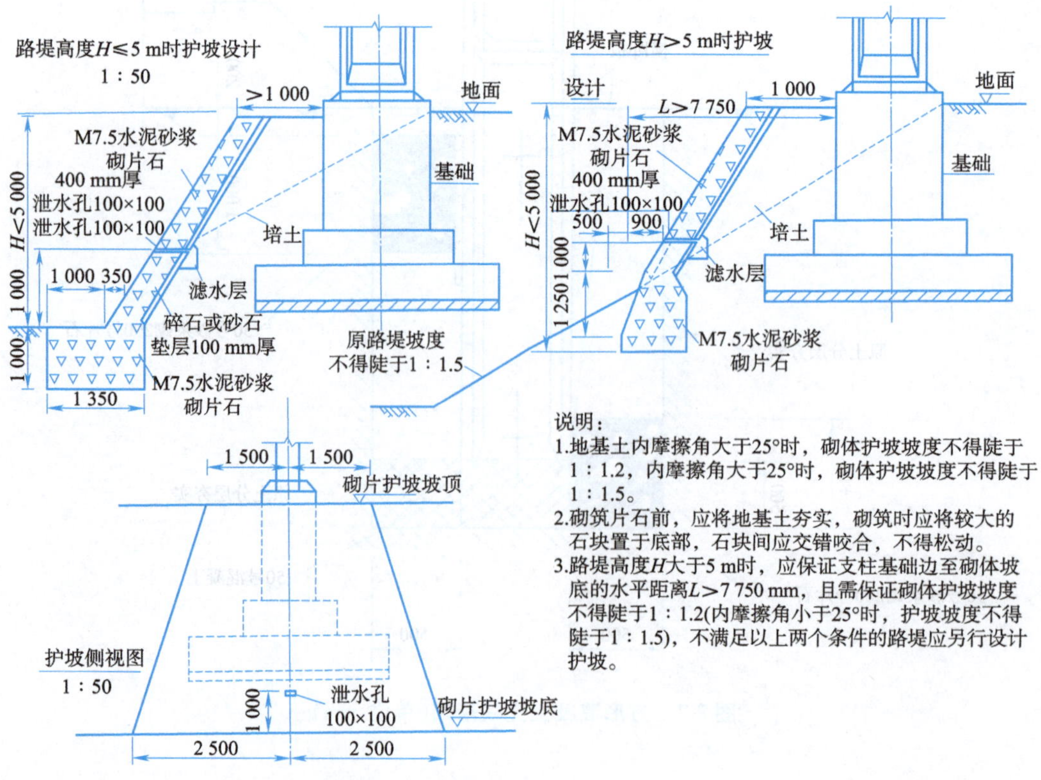

图 2-9　钢柱基础及护坡(单位:mm)

3. 下锚拉线基础

目前常用的下锚拉线基础有两种:采用锚板的下锚拉线基础(图 2-10)和采用地锚笼的下锚拉线基础(图 2-11)。

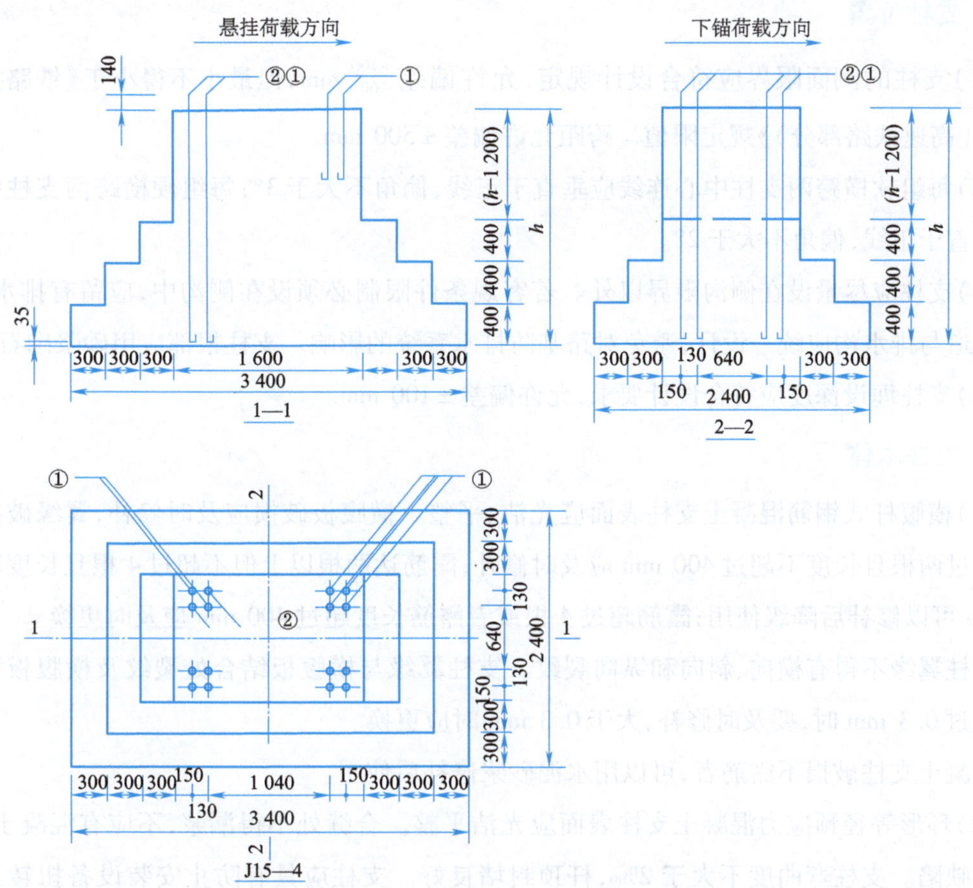

图 2-10　采用锚板的下锚拉线基础

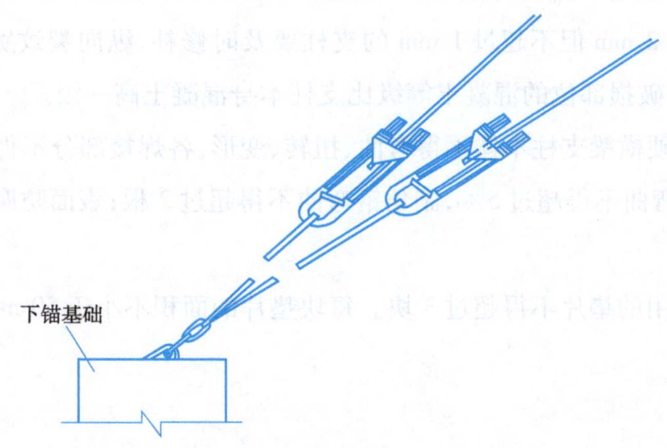

图 2-11　采用地锚笼的下锚拉线基础

1.2 标准学习

《高速铁路接触网运行维修规则》(以下简称《维修规则》)第一百二十条　支柱

1. 支柱位置

(1)支柱的侧面限界应符合设计规定,允许偏差$^{+100}_{-60}$ mm,但最小不得小于《铁路技术管理规程(高速铁路部分)》规定限值。跨距允许偏差±500 mm。

(2)每组软横跨两支柱中心连线应垂直于正线,偏角不大于3°;每组硬横跨两支柱中心连线应垂直于正线,偏角不大于2°。

(3)支柱应尽量设在侧沟限界以外。若客观条件限制必须设在侧沟中,应留有排水通道,排水通道与排水沟应统一设计,避免对路基防排水系统的影响。支柱根部应用砂浆砌石加固。

(4)支柱埋设深度应符合设计要求,允许偏差±100 mm。

2. 支柱本体

(1)横腹杆式钢筋混凝土支柱表面应光洁、平整。横腹板破损应及时修补,翼缘破损和露筋不超过两根且长度不超过400 mm应及时修补;露筋达两根以上但不超过4根且长度不超过400 mm可以修补后降级使用;露筋超过4根或者露筋长度超过400 mm应及时更换。

支柱翼缘不得有横向、斜向和纵向裂纹。支柱翼缘与横腹板结合处裂纹及横腹板裂纹宽度不超过0.3 mm时,要及时修补,大于0.3 mm时应更换。

混凝土支柱破损不露筋者,可以用水泥砂浆修补后使用。

(2)环形等径预应力混凝土支柱表面应光洁平整。合缝处不得漏浆,不应有混凝土剥落、露筋等缺陷。支柱弯曲度不大于2‰,杆顶封堵良好。支柱应具有防止安装设备扭转及滑动措施。

横向裂纹宽度不超过0.2 mm且长度不超过1/3圆周长的支柱要及时修补,否则应更换;纵向裂纹宽度大于0.2 mm但不超过1 mm的支柱要及时修补,纵向裂纹宽度大于1 mm的支柱应更换。修补支柱破损部位的混凝土等级比支柱本身混凝土高一级。

(3)金属支柱及硬横梁支柱本体不得弯曲、扭转、变形,各焊接部分不得有裂纹、开焊,主角钢不应有扭转现象,弯曲不得超过5‰,副角钢弯曲不得超过2根;表面防腐层剥落面积不得超过5%。

(4)整正支柱使用的垫片不得超过3块。每块垫片的面积不小于50 mm×100 mm,厚度不大于10 mm。

3. 支柱倾斜率

(1)接触网各种支柱顺线路面允许偏差不应大于±0.5%,锚柱顶部向拉线侧倾斜不应大于1%。横向方向曲线外侧和直线上的腕臂柱柱顶应向受力反向倾斜,允许偏差0～0.5%;锚段关节中心柱、曲线内侧支柱及转换柱均应直立,柱顶应向受力反向倾斜,允许偏差0～0.5%。

(2)硬横跨支柱横、顺线路方向均应直立,允许偏差0～0.5%;支柱顶端安装高度应符合设计要求,允许偏差+100 mm。

(3)隔离开关支柱应直立,允许偏差0～0.5%。

(4)H形钢柱端面应垂直于线路中心线,允许偏差±2°。

4. 支柱防撞

(1)道口两侧、经常有机动车辆运行的场所以及装卸货物站台上等易被碰撞的支柱,均应设置强度较高的防护桩。防护高度原则上不小于1.5 m,道口两侧支柱防护桩的高度为2 m。

(2)支柱防护宜采用混凝土防护墩或钢结构防护,不应采用外围砖砌、内填石渣或砂土的封闭式防护方式。

采用混凝土防护墩防护时,厚度不小于0.4 m并采用混凝土灌注基础,基础满足稳固要求,混凝土标号不小于C20并植入钢筋网;采用钢结构防护时,埋设深度应满足稳固要求并采用混凝土灌注基础。

(3)防护桩内壁与支柱保持0.5 m的距离,且不得侵入铁路建筑限界。

(4)防护桩外表面应有黄黑相间的警示标识。

(5)需防护支柱装有开关操作机构时,需同时将开关操作支架纳入防护保护范围。

5. 支柱护坡

(1)填方地段的支柱外缘距路基边坡的距离不小于500 mm,否则应培土或砌石,其坡度应与原路基相同。高填方地段培土困难、流失严重或土质强度不够者,应采用砂浆砌石护坡加固,片石应挤压紧密、堆砌整齐,砂浆应饱满、标号符合规定。

支柱护坡应延伸至地面,并做深度不小于0.6 m护坡基础。上部宽度为支柱中心两侧各不小于1 m,下部宽度为支柱中心两侧各不小于2 m,厚度不小于300 mm。距边坡坡底1 m处应设置100 mm×100 mm的泄水孔。

(2)路堑地段的基础外侧与水沟外侧的间距不小于300 mm。

《维修规则》第一百二十一条　吊柱

(1)吊柱型号、规格、防腐措施符合设计要求,锈蚀面积不超过20%。当采用圆吊柱时,腕臂底座处应采取防扭转及滑动措施。

(2)吊柱法兰盘与隧道壁应结合密贴。吊柱固定螺栓应采用双螺母,拧紧螺帽后螺栓外露长度不得小于30 mm;吊柱调整使用的镀锌闭环垫片不超过2片,垫片的面积不小于50 mm×100 mm,厚度不大于10 mm。

(3)吊柱不得扭曲,宜向受力反方向倾斜不大于1°。限界符合设计要求,允许偏差0～

20 mm，但不得侵入邻线基本建筑限界。

《维修规则》第一百二十二条　支柱基础

(1)金属支柱基础面应高出地面(或站台面)100～200 mm。基础外露400 mm以上者应培土，每边培土宽度为500 mm，培土边坡与水平面呈45°。金属支柱有基础帽时，基础帽应完整无破损、无裂纹。

(2)支柱根部周围5 m范围内不得取土，1 m范围内应保持清洁，不得有积水和杂物。

《维修规则》第一百二十三条　桥梁、隧道内埋入杆件

(1)桥梁、隧道内的埋入杆件(包括立柱)应安装牢固，无断裂、变形，其填充物不得剥落和裂纹，杆件要做好防腐处理。埋入杆件受力后，其周围灌注部分不得有裂纹、破损及脱落现象，螺栓本体不得松动和变形。

(2)后植锚栓或后植滑槽应避免设置在隧道伸缩缝、不同断面接缝、石缝或明显渗水、漏水处所。后植锚栓各埋入杆件的埋深、外露、距离符合设计要求，杆件之间距离允许偏差±20 mm。滑槽T型螺栓距槽道端部不小于25 mm。

(3)使用后植化学粘结锚栓时，其粘结材料(剂)的养护(固化)时间应达到相关要求。锚固拉拔力不应小于设计值。

《维修规则》第一百二十四条　拉线和拉线基础

(1)接触悬挂、附加导线下锚拉线基础宜采用钢筋混凝土浇筑基础，外形尺寸和位置应符合设计要求。拉线基础距锚柱距离允许偏差±200 mm，轨面处拉线基础距线路中心允许偏差0～100 mm。基础中心线应于线路中心线垂直，偏差不大于2°。

(2)拉线应绷紧，在同一支柱上的各拉线应受力均衡。与地面夹角一般为45°，最大不得超过60°。

(3)拉线应采取防腐措施且不得有断股、松股、接头及严重的锈蚀。

(4)UT型楔形线夹螺纹外露长度不小于20 mm且不大于螺纹全长的1/2。

(5)拉线及下锚零部件不得与回流线、保护线、地线间形成环流通路。

(6)基础周围5 m范围内不得取土，1 m范围内应保持清洁，不得有积水和杂物。

(7)对道口两侧、经常有机动车辆运行的场所以及装卸货物站台上等易被碰撞的拉线，应采取防护措施，参照第一百二十条支柱防撞标准执行。

1.3　具体检修

1.3.1　测量支柱限界及轨面标准线

1. 检查红线及字迹清晰度

(1)红线及字迹不清：重新标画。一人按支柱上既有红线位置，在接触网支柱的线路

侧水平放置好轨面红线模板，另一人用喷漆进行标识。

（2）当红线位置与实际线路轨面误差超过 30 mm；当标明超高与实际超高误差大于 3 mm 时，应会同工务部门共同测量，重新标定。

2. 轨面标准线位置是否正确

标准线上缘在直线区段应与支柱邻轨顶面平齐，曲线区段与高轨顶面平齐，多股道区段与正线顶面平齐。

（1）方法一：用丁字尺、水平尺测量。

将丁字尺靠在基准轨面上，水平尺置于其上，调正丁字尺至水平，其下底面即为轨面标准线位置。

（2）方法二：多功能激光测量仪测量。

将测量仪按照规定放置于基准轨面上，调至水平，使红光点打在支柱上，红光点下减去激光发射点至基准轨面距离，即为轨面标准线位置。

3. 当支柱限界不符合《铁路技术管理规程》要求时

与工务协调调整支柱限界，当无法调整限界时，应重新立柱，以保证支柱限界要求。

1.3.2 检查支柱安装位置

（1）每组软横跨两支柱中心的连线应垂直于正线，偏角不大于 3°；每组硬横跨两支柱中心的连线应垂直于正线，偏角不大于 2°。

（2）支柱应尽量设在侧沟限界以外，若客观条件限制必须设在侧沟中，则应留有排水通道，支柱根部应有砂浆砌石加固。支柱埋设深度应符合设计要求，允许误差 ±100 mm。

（3）支柱安装位置不符合上述标准时，需重新立柱。

1.3.3 支柱本体外观检查

H 型钢支柱本体不得弯曲、扭转、变形，各焊接部分不得有裂纹、开焊；表面防腐层剥落面积不得超过 5%；环形等径预应力混凝土支柱表面应光洁平整，无混凝土脱落和漏筋现象，合缝处不得漏浆，不得有横向裂纹，纵向裂纹宽度不大于 0.2 mm。

（1）金属支柱锈蚀：局部锈蚀砂纸打磨至露出金属本色后喷锌。

（2）混凝土支柱裂纹、破损或露筋不符合标准：水泥砂浆修补或更换。

修补：制作水泥砂浆；处理支柱破损部位，清除薄弱和风化的混凝土，用钢丝刷清理表面并刷出新茬；清理露筋表面的裂纹、油污和铁锈；用清水冲刷修补部位残渣并使其周围湿透，如有必要，安装模型板；破损面风干到表面无水时，进行修补，浇灌水泥砂浆并用钢钎或其他工具捣实、压平；拆模；修整。

更换混凝土支柱：在该支柱顺线路方向 2 m 处立同型号新支柱，将接触网悬挂倒在新支柱上，悬挂调整，拆除旧支柱。

1.3.4 支柱倾斜率测量

使用角度仪测量支柱顺线路方向及垂直线路方向的倾斜率。支柱倾斜率如下要求：

(1)支柱横线路面应垂直于线路中心线，允许偏差不应大于2°。

(2)单腕臂、双腕臂和中心锚结支柱顺线路方向应直立，允许斜率为±2‰；横线路方向允许向受力反向的倾斜率5‰。

(3)硬锚锚柱横线路方向，向受力反向的倾斜率为0~5‰，顺线路方向，向下锚拉线侧倾斜率为0~5‰。

(4)补偿下锚柱横线路方向，向受力反向的倾斜率为0~5‰，顺线路向下锚拉线侧倾斜率为0~10‰。

(5)曲线内侧的支柱、装设开关的支柱、双边悬挂的支柱、硬横跨支柱，均应直立，允许向受力的反向倾斜，其倾斜率不超过5‰。

(6)接触网各种支柱，均不得向线路侧和受力方向倾斜。

1.3.5 基础检查

支柱基础面应高出地面。基础帽完整无破损、无裂纹，支柱根部和基础周围应保持清洁，不得有积水和杂物。基础顶板与支柱底板间填充的砂浆应符合设计要求。

填方地段的支柱外缘距路基边坡的距离小于500 mm时应培土，其坡度应与原路基相同。高填方地段培土困难、流失严重或土质强度不够者，应采用干砌片石或砂浆砌石加固，片石应挤压紧密、堆砌整齐，砂浆应饱满、标号符合规定。

1.3.6 支柱防护检查

(1)检查道口两侧、经常有机动车辆运行的场所、装卸货物站台上等易被碰撞的支柱是否存在被撞风险。

(2)金属支柱不宜采用外围砖砌、内填石渣或砂土的封闭防护方式，否则，应保证防护桩的防水处理质量，避免人为的防护桩内支柱锈蚀。

1.3.7 拉线检查

(1)拉线应位于接触悬挂下锚支的延长线上(附加导线单独下锚时，应位于下锚导线的延长线上)，在任何情况下不得侵入限界。拉线与地面夹角一般情况下为45°，最大不得超过60°。拉线应有防腐措施，不得有断股、散股、接头及锈蚀。

(2)拉线应绷紧，在同一支柱上的各拉线应受力均衡；锚板拉杆与拉线应成一条直线；拉线应采取防腐措施，埋入地下部分的地锚拉杆应涂防腐漆。拉线不得有断股、散股、接头及严重的锈蚀。

(3)各部连接件、螺栓紧固良好,拉线基础周围不得有积水。

(4)设在挡土墙、隧道口、桥墩、坚石地带及砂浆砌石护坡上等处打孔灌注的地锚杆,其埋入深度应符合规定。受力后其周围水泥灌注部分不得有裂纹、破损及脱落现象。禁止将地锚杆设在孤石、风化石、次坚石上。

1.3.8　硬横(跨)梁检修

(1)检查硬横梁外观

检查硬横梁表面镀锌是否均匀、完整无损,如有破损生锈,应除锈喷锌,锈蚀面积超过20%时需更换锈蚀横梁。

(2)检查硬横梁焊接部位

检查硬横梁各焊接部分是否存在裂纹、开焊,如有裂纹、开焊,需重新焊接。

(3)检查硬横梁连接部位

①检查硬横梁角钢是否存在变形、弯曲,如主角钢弯曲超过0.5%,副角钢弯曲超过2根,需更换角钢。

②检查硬横梁各段之间及其与支柱应连接部位是否牢固。

③检查连接部位螺栓、螺母是否齐全、锈蚀,如有缺失应立即补装,若锈蚀严重需立即更换,并按标准力矩紧固。

1.3.9　检查吊柱

(1)检查吊柱外观是否存在锈蚀、破损情况,若有则需更换吊柱。

(2)检查吊柱底座与硬横梁连接处螺栓有无松脱、缺失、锈蚀情况,若有则需补装或更换螺栓,并用标准力矩紧固。

(3)检查吊柱倾斜率,吊柱在安装后横、顺线路方向均应垂直,限界满足要求,允许偏差不大于支柱高度的0.5%,如果吊柱倾斜超标时,需重新安装吊柱。

项目三　接触悬挂检修

接触悬挂包括接触线、吊弦、承力索和补偿器等及其连接零部件。接触悬挂通过支持装置架设在支柱上,通过定位装置定位在受电弓所允许的工作范围内,其作用是将从牵引变电所获得的电能输送给机车。机车运行时,受电弓顶部的滑板紧贴接触线摩擦滑行取流。

任务1　检修接触线与承力索

1.1　设备认知

1.1.1　接触线

接触线是接触网中重要的组成部分之一。电力机车运行中其受电弓滑板直接与接触线摩擦,并从接触线上获得电能。因此,接触线既要有足够的机械强度又要有良好的电气性能。接触线截面积的选择应满足牵引供电计算的要求。

接触线一般制成两侧带沟槽的圆柱状,其沟槽为便于安装线夹并按技术要求悬吊固定接触线位置而又不影响受电弓滑板的滑行取流。接触线下面与受电弓滑板接触的部分呈圆弧状,称为接触线的工作面,如图3-1所示。

常用铜及铜合金接触线的规格、尺寸、角度及参考单位质量见表3-1。

1. 分类

接触线根据材质可分为钢铝接触线、铜接触线、铜合金接触线。

2. 钢铝接触线

以铝作为导电部分,与受电弓滑板接触摩擦的工作面为钢。其常用的型号分别为GLCA $\frac{100}{215}$和GLCB $\frac{80}{173}$。GLCA和GLCB分别代表钢铝接触线的两种规格,后面的分式中,分母代表该型钢铝接触线的总截面积,分子表示相当于铜接触线的截面积。例如,GLCA $\frac{100}{215}$其总截面积为215 mm^2,相当于TCG-100型铜接触线的截面积。由于钢铝接触线导电性能次于铜接触线，且比铜接触线硬的多，歪扭或弯曲后不易校直，架设较困难，形成硬点后不易消除，故现在已不再使用。

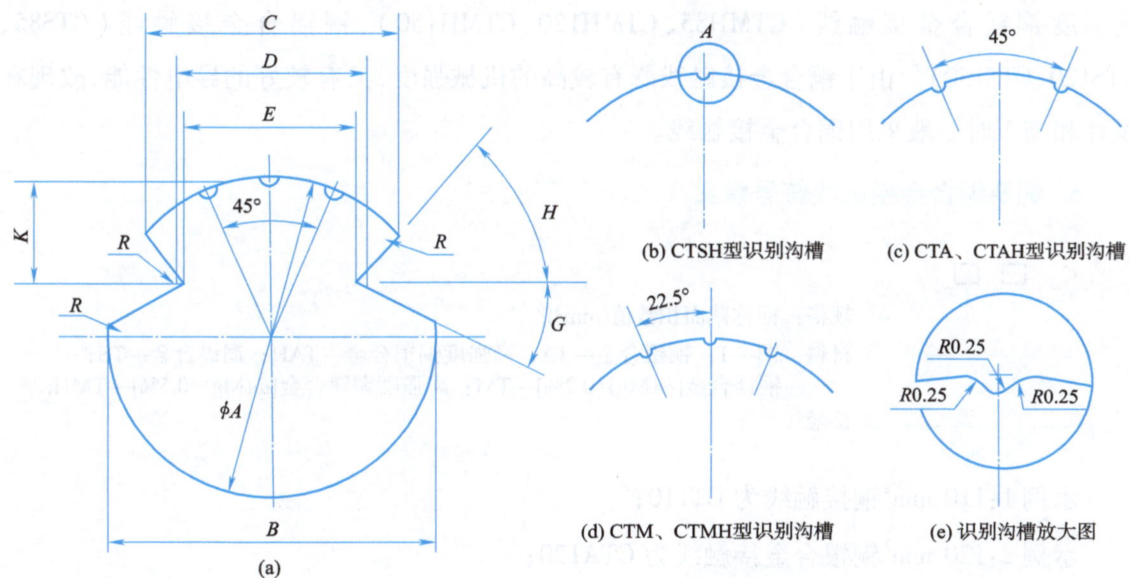

图 3-1　接触线界面形状（单位：mm）

A—截面直径（高度）；*B*—截面宽度；*D*—沟（槽）底间距；*E*—（沟）槽尖间距；

G—下斜角；*H*—上斜角；*K*—头部高度；*R*—圆角半径

注：铜接触线（CT 型）不做识别沟槽

表 3-1　常用铜及铜合金接触线的规格、尺寸、角度及参考单位质量

规格（标称截面积 mm^2）	计算截面积（mm^2）	尺寸及公差（mm）							角度及偏差		参考单位质量（kg/km）
		$A\pm1\%$	$B\pm2\%$	$C\pm2\%$	$D^{+4\%}_{-2\%}$	E	K	R	G	H	
									±1°		
85	86	10.80	10.76	9.40	7.24	6.80	4.60	0.40	27°	51°	769
110	111	12.34	12.34	9.73	7.24	6.80	4.47		27°	51°	992
120	121	12.90	12.90	9.76	7.24	6.80	4.35	0.40	27°	51°	1082
150	151	14.40	14.40	9.71	7.24	6.80	4.00	0.40	27°	51°	1350

注：1. 截面积允许偏差为计算截面积的 ±3%；

2. 参考单位质量按密度 8.94 g/cm^3 计算。

3. 铜接触线

纯铜接触线使用较多的有 CT120、CT110、CT85 三种。CT120 和 CT110 主要用于站场正线和区间，CT85 主要用于站场侧线。虽然纯铜接触线其导电性能较好，但由于其机械强度较低，在跳闸时极大的电流及拉力作用下容易发生断线事故，现在设计和施工时一般也不采用纯铜接触线。

4. 铜合金接触线

铜合金接触线使用较多的有高强度铜银合金接触线（CTAH85、CTAH120、CTAH150）、高强度铜镁合金接触线（CTMH85、CTMH120、CTMH150）、铜锡合金接触线（CTS85、CTS120、CTS150）。由于铜合金接触线既有较高的机械强度，又有较好的导电性能，故现在设计和施工时一般采用铜合金接触线。

5. 铜及铜合金接触线符号意义

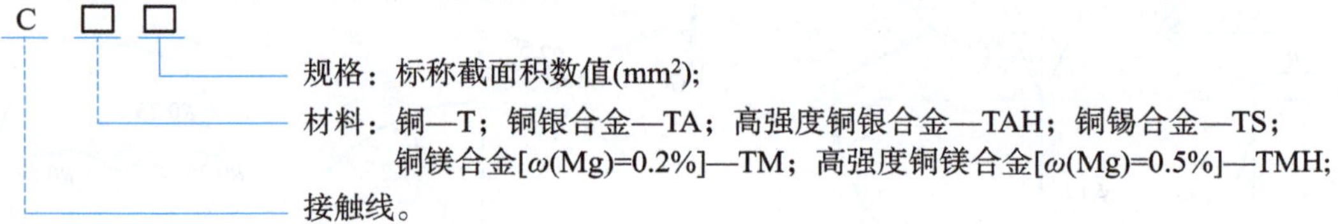

示例 1：110 mm^2 铜接触线为 CT110；

示例 2：120 mm^2 铜银合金接触线为 CTA120；

示例 3：120 mm^3 高强度铜银合金接触线为 CTAH120；

示例 4：120 mm^2 铜镁合金[ω(Mg) = 0.2%]接触线为 CTM120；

示例 5：150 mm^2 高强度铜镁合金[ω(Mg) = 0.5%]接触线为 CTMH150；

示例 6：150 mm^2 铜锡合金接触线为 CTS150。

1.1.2 承力索

接触网承力索的作用是通过吊弦将接触线悬挂起来。载流承力索还可承载一定的电流来减小牵引网阻抗，降低电压损耗和能耗。

1. 分类

承力索根据材质可分为铜承力索、钢承力索、铝包钢承力索。

（1）铜承力索

铜承力索导电性能好，可做牵引电流的通道之一，和接触线并联供电，降低压损和能耗，且抗腐蚀性能高。铜承力索常用的规格型号有 JT70、JT95、JT120、JT150 等几种。为增加铜承力索的机械性能，在铜承力索制作过程中加入其他金属元素，制成铜合金承力索。常用的有 JTM70、JTM95、JTM120、JTM150 铜镁合金承力索，JTMH70、JTMH95、JTMH120、JTMH150 高强度铜镁合金承力索。

铜及铜合金承力索符号意义：铜及铜合金绞线按铜及其合金元素不同含量分类，各类中按截面积分又有不同规格。产品型号用下列形式表示：

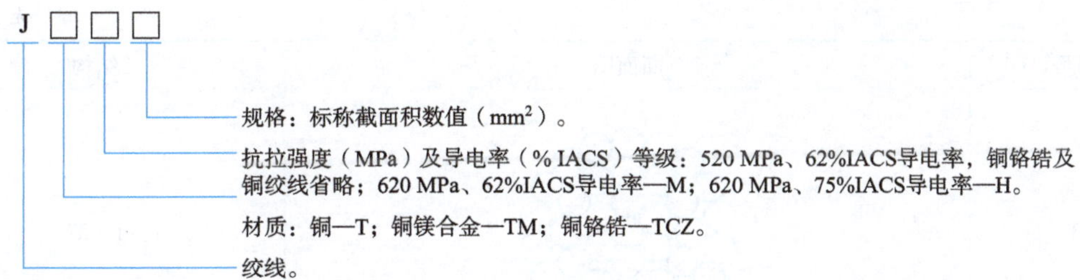

产品标记由型号、短横线、绞合结构、“/”、单线直径、一个空格及本标准号（TB/T 3111—2017）组成。

绞线的绞合结构对于同心层绞，用“1×构成绞线的单线根数”表示；复绞，用“1×构成股线的单线根数”和股数（股层间用“+”分开，并用圆括号括起，前者为内层，后者为外层）表示，中间用“×”分开。

示例1：标称截面积为150 mm^2、单线37根、单线直径2.25 mm的铜镁合金[ω(Mg)=0.2%]绞线（同心层绞）表示为JTM 150-1×37/2.25　TB/T 3111—2017。

（2）钢承力索

钢承力索强度高、耐张力大。但电阻大，导电性能差，一般是不允许导流的。为防止腐蚀，现在使用的钢承力索一般为镀铝锌钢绞线承力索、铝包钢绞线承力索、铜包钢绞线承力索。常用的规格有LXGJ80、LXGJ100、LBGJ70、TGJ95等。

钢承力索符号中，J表示绞线，GJ表示钢绞线，L表示铝，X表示锌。LXGJ表示镀铝锌钢绞线，LBGJ表示铝包钢绞线，TGJ表示铜包钢绞线。

（3）铝包钢承力索

铝包钢承力索由铝覆钢线和铝线绞合而成，主要以铝覆钢线中的钢芯部分承受张力，覆铝层和铝线载流，导电性能好，机械强度和抗腐蚀性能较好。常用的规格有铝包钢铝绞线LBGLJ120承力索等。

2. 各种绞线的典型结构

各种绞线的典型结构见表3-2。

表3-2　各种绞线的典型结构表

序号	断面图	结构
1	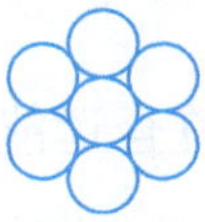	1×7
2	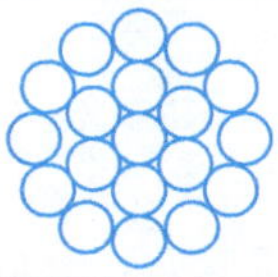	1×19

续上表

序号	断面图	结构
3	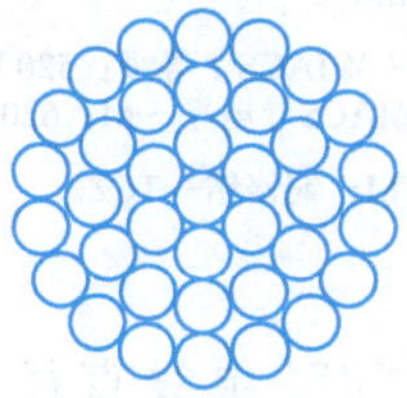	1×37
4	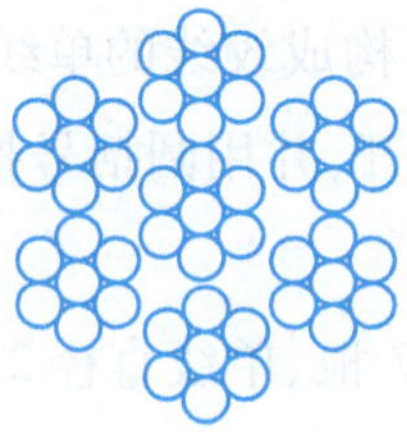	1×7×(1+6)
5	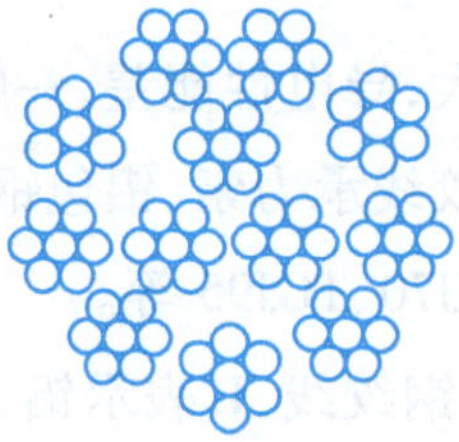	1×7×(3+9)

1.2 标准学习

《维修规则》第九十八条

承力索宜采用恒张力架设,接触线应采用恒张力架设。

接触线架设张力应根据线材材质、额定张力等因素选取,且不应小于线盘绕线张力,架设张力偏差不得大于8%。

承力索和接触线架设后,应采取超拉或其他措施消除新线蠕变引起的初伸长。超拉完毕后方可进行悬挂安装。

《维修规则》第九十九条　承力索

1. 承力索应采用铜合金材质,容许载流量符合运能需要。

2. 承力索位置

标准值:直链型悬挂位于接触线正上方。

标准状态:标准值±50 mm。

警示值:标准值 ±150 mm。

限界值:标准值 ±200 mm。

3. 承力索磨耗及损伤

(1)承力索损伤后不能满足该线通过的最大电流时,若系局部损伤,可以加电气补强线,若系普遍损伤则应更换。

(2)承力索损伤后不能满足规定的机械强度安全系数时,可以加补强线或切除损坏部分重新接续,若系普遍损伤则应更换。

(3)承力索在悬吊滑轮处应转动灵活、无卡滞,悬吊滑轮与线索相匹配。

(4)承力索在承力索座、悬吊滑轮等处悬吊固定时,应加装与承力索材质匹配的预绞丝护线条。

标准值:无损伤。

标准状态:无损伤。

警示值:无散股、损伤 3 股。

限界值:断股。

4. 一个锚段内,承力索接头和断股补强的总数量应符合以下规定(不包括分段及下锚接头)。

标准值:0 处。

标准状态:0 处。

警示值:2 处。

限界值:4 处。

承力索的接头距悬挂点应不小于 2 m,同一跨距内不允许有两个接头。

《维修规则》第一百条　接触线

1. 接触线应采用铜合金材质、容许载流量符合运能需要。

2. 接触线拉出值(含最大风偏时跨中偏移值)

标准值:设计值。

标准状态:标准值 ±30 mm。

警示值:400 mm。

限界值:450 mm。

3. 接触线高度

标准值:设计值。

标准状态:标准值 ±30 mm。

警示值:标准值 ±60 mm。

限界值：标准值±100 mm且小于6 500 mm。

4. 接触线坡度(工作支接触线相邻悬挂点高度变化)

标准值：v≤250 km/h时，坡度≤1‰，v>250 km/h时，坡度为0。

标准状态：v≤250 km/h时，坡度≤1‰，v>250 km/h时，坡度≤0.5‰。

警示值：v≤250 km/h时，坡度≤1‰，v>250 km/h时，坡度≤0.5‰。

限界值：v≤250 km/h时，坡度≤1.5‰，v>250 km/h时，坡度≤1‰。

5. 接触线偏角(水平面内改变方向)

标准值：设计值。

标准状态：标准值±1°且≤4°。

警示值：6°。

限界值：8°。

6. 接触线局部磨耗、变形及损伤

(1)接触线允许最大局部磨耗面积(见表3-3)。

表3-3　接触线允许最大局部磨耗面积

设计速度	导线材质	工作张力	标准值	警示值	限界值
200～250 km/h	CTS		无磨损	15%	20%
300～350 km/h	CTSH-150	28.5 kN	无磨损	11%	15%
	CTMH-150	28.5 kN	无磨损	17%	23%
	CTMH-150	30 kN	无磨损	14%	19%
	CTCZ-150	31.5 kN	无磨损	19%	25%
	CTCZ-150	33 kN	无磨损	16%	21%
	RiM120	27 kN	无磨损	13%	17%

接触线局部磨耗达到或超出限界值，立即进行更换；达到或超出警示值，进行重点监控，纳入三级修(精测精修)更换。

(2)检查接触线与检测尺之间的间隙，其间隙不得大于0.1 mm/m。

(3)接触线扭面角度：

标准值：0°。

标准状态：5°。

警示值：15°。

限界值：20°。

7. 正线接触线不允许有接头。侧线一个锚段内接触线接头的总数量应符合以下规定(不包括分段、分相及下锚接头)：

标准值:0 处。

标准状态:0 处。

警示值:1 处。

限界值:2 处。

8. 接触线硬点、弓网接触力的技术标准(表 3-4)。

表 3-4　接触线硬点、弓网接触力的技术标准

<table>
<tr><th colspan="4">项　目</th><th>一级缺陷</th><th>扣分标准</th><th>二级缺陷</th><th>扣分标准</th><th>统计步长</th></tr>
<tr><td rowspan="3">弓网受流参数</td><td rowspan="3">弓网接触力 F(N)</td><td rowspan="2">最大接触力 F_{max}</td><td>200 ~ 250 km/h</td><td>$F_{max} \geqslant 250$</td><td>5 分</td><td>$200 \leqslant F_{max} < 250$</td><td>1 分</td><td>跨</td></tr>
<tr><td>300 ~ 350 km/h</td><td>$F_{max} \geqslant 300$</td><td>5 分</td><td>$250 \leqslant F_{max} < 300$</td><td>1 分</td><td>跨</td></tr>
<tr><td colspan="2">最小接触力 F_{min}</td><td>$F_{min} < 20$</td><td>5 分</td><td>$20 \leqslant F_{min} < 40$</td><td>1 分</td><td>跨</td></tr>
</table>

1.3　具体检修

1. 检查承力索

(1)检查承力索本体状态是否良好,有无烧伤、断股、散股。

采用铜绞线承力索(19 股)断 5 股及以下可做补强,超过 5 股时可截断重接或者采用预绞丝接续条补强。一个锚段内承力索接头和断股补强的总数量为:锚段长度 800 m 以下时 1 个,锚段长度 800 m 以上时 2 个(不包括分段、分相及下锚接头)。

接头距悬挂点应不小于 2 m,同一跨距内不允许有两个接头。

(2)检查承力索的偏移程度及与其他线索有无相磨。

发现相磨问题的,应安排调整。直链型悬挂,承力索位于接触线正上方。曲线区段承力索与接触线之间的连线垂直于轨面连线。直线区段允许误差 150 mm;曲线区段允许向曲线内侧偏移 100 mm。

(3)检查承力索接头是否滑移,补强线是否松动,终端锚固线夹有无滑移痕迹、开裂、松动等。

2. 检查接触线

(1)检查接触线线面有无扭面,偏磨、明显硬点及线索制造缺陷,检查接触线有无电弧烧伤痕迹。

接触线磨耗和损伤(≥20%)后不能满足规定的机械强度安全系数或不能满足该线通过的最大电流时,则应更换。正线接触线不允许有接头。侧线接触线接头的数量规定:锚段长度 800 m 以下不允许有接头;800 m 以上不得超过 2 个。

(2)检查终端锚固线夹有无滑移痕迹、开裂、松动等,补齐划线。

(3)发现磨耗异常处,测量导线磨耗,并记录。

任务2　检修吊弦

2.1　设备认知

在链型悬挂中,接触线通过吊弦悬挂在承力索上,通过调节吊弦的长度来保证接触悬挂的结构高度、接触线的弛度、接触线距轨面的高度,以及线岔、锚段关节处的水平、抬高,改善接触悬挂的弹性,调整接触线的弛度,保证接触线与受电弓良好接触,提高电力机车受电弓取流质量,使其符合技术要求。

按其使用位置是在跨距中、软横跨上或隧道内有不同的吊弦类型,吊弦是链型悬挂中的重要组成部件之一。

2.1.1　吊弦分类

吊弦一般分为环节吊弦、弹性吊弦、滑动吊弦和整体吊弦四种。

1. 环节吊弦

环节吊弦是指链型悬挂跨距中所用的吊弦,用 $\phi4.0$ mm 镀锌铁线制成,一般由两节或三节连在一起。制作环节吊弦前,应将 $\phi4.0$ mm 镀锌铁线拉伸后再下料,两端环孔形状应做成滴水珠形,环的直径为线径的 5 ~ 10 倍(20 ~ 40 mm),环孔收口处缠绕两圈半至三圈,多余部分截去,每节吊弦两端环孔应相互垂直。其型号规格见表 3-5,其结构如图 3-2 所示。

表 3-5　普通吊弦型号规格(mm)

型号	环节数	各节长度			吊弦长度
		第一节	第二节	第三节	
Ⅰ	3	600	600	400 ~ 800	1 450 ~ 1 650
Ⅱ	3	600	300	400 ~ 800	1 150 ~ 1 450
Ⅲ	2	600	400 ~ 800	—	900 ~ 1 150
Ⅳ	2	300	400 ~ 800	—	700 ~ 900

环节吊弦最下面的一节应预留有穿过接触线吊弦线夹后回头(约 300 mm)的长度。

环节吊弦存在的主要问题是耐腐蚀性差,使用寿命短;其次是强度低,安全裕度小;再者,当受电弓通过导线抬升时在环节处造成吊弦线磨损,产生电火花烧伤。

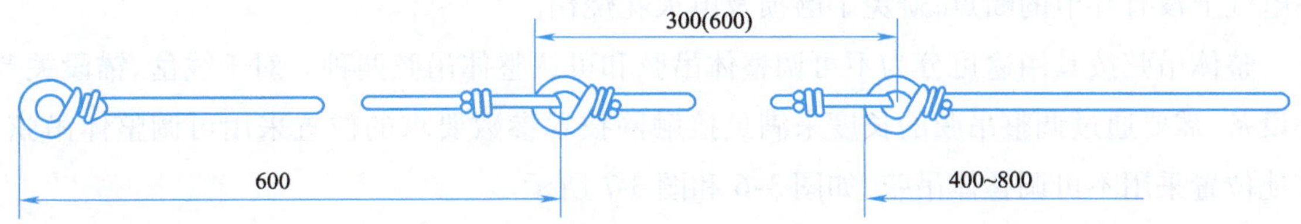

图 3-2 环节吊弦结构图(单位:mm)

2. 弹性吊弦

支柱定位处的吊弦有简单支柱吊弦和弹性支柱吊弦两种形式。简单支柱吊弦是直接采用普通吊弦,根据位置及结构高度选用合适的吊弦型号。目前多为在定位点两侧各 4 m 处分别设一根吊弦,如图 3-3 所示。

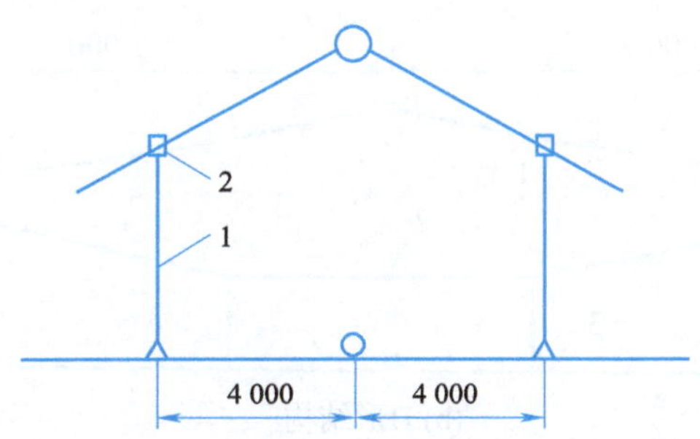

图 3-3 简单支柱吊弦安设图(单位:mm)

1—掉线;2—吊弦线夹

弹性支柱吊弦则是用一根长约 15 m 七股镀锌钢绞线制成的辅助绳和一根或两根短的普通吊弦组成的吊弦。组成形式有 Y 形和 Π 形两种,如图 3-4 所示。Y 形弹性吊弦用于中间支柱定位,Π 形弹性吊弦用于反定位、软横跨、道岔柱、转换柱、中心柱,以及妨碍 Y 形弹性吊弦定位的地方。弹性吊弦有利于消除定位点处接触线的硬点,改善定位处悬挂的弹性。

3. 滑动吊弦

在极限温度下安装普通吊弦、弹性吊弦,若其偏斜角超过允许范围,就要采用滑动吊弦。如在隧道内因受净空高度的限制,接触网结构高度较小,吊弦较短,偏斜角易超过允许范围,所以在隧道内多采用滑动吊弦。所谓滑动吊弦就是吊弦的一端可沿线路方向移动,其形式多种多样,如图 3-5 所示。

4. 整体吊弦

整体吊弦的材质使用软态不锈钢丝绞线、铜合金绞线等,延长了使用寿命,同时线材与线夹的连接采用压接工艺,连接可靠、同时采用扼流圈,将吊弦与线索进行短接,整体性好,在电气上没有环节的断点，避免了磨损及电火花烧伤。

整体吊弦按其用途可分为不可调整体吊弦和可调整体吊弦两种。对于线岔、锚段关节等设备，需要通过调整吊弦的长度来满足接触网技术参数要求的位置采用可调整体吊弦，其他位置采用不可调整体吊弦，如图 3-6 和图 3-7 所示。

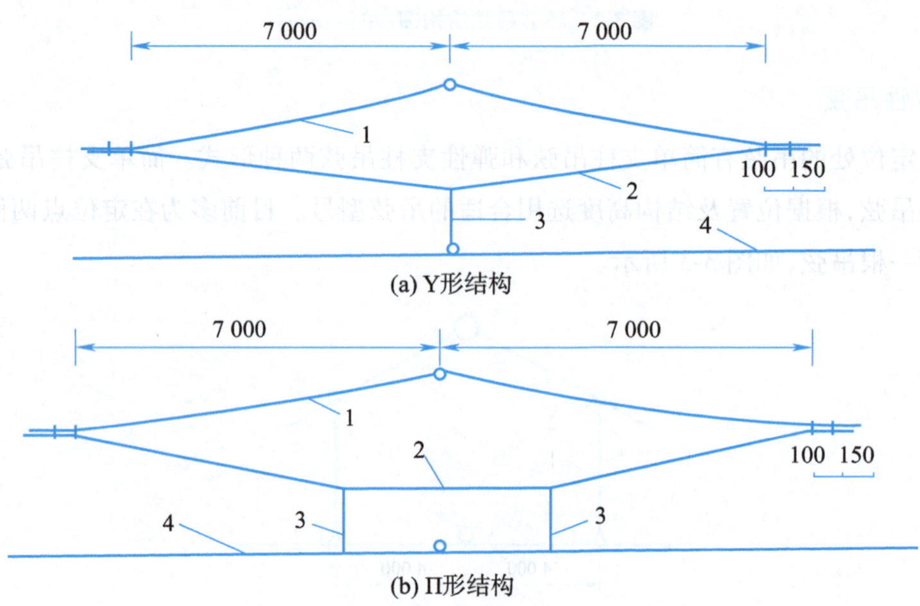

图 3-4　弹性支柱吊弦安设图（单位：mm）

1—承力索；2—辅助绳；3—吊弦；4—接触网

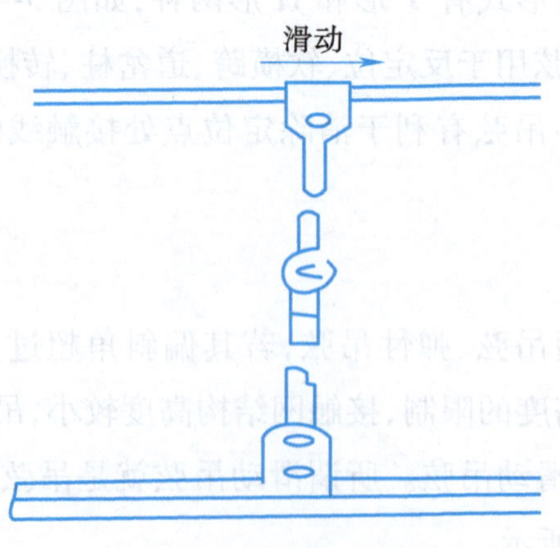

图 3-5　滑动吊弦安设图

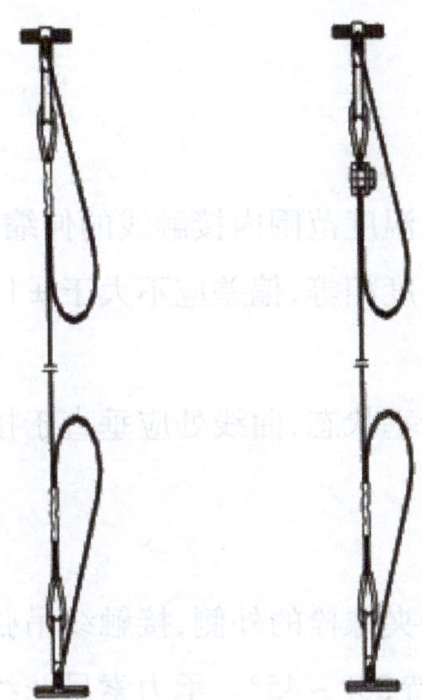

图 3-6　可调整体吊弦

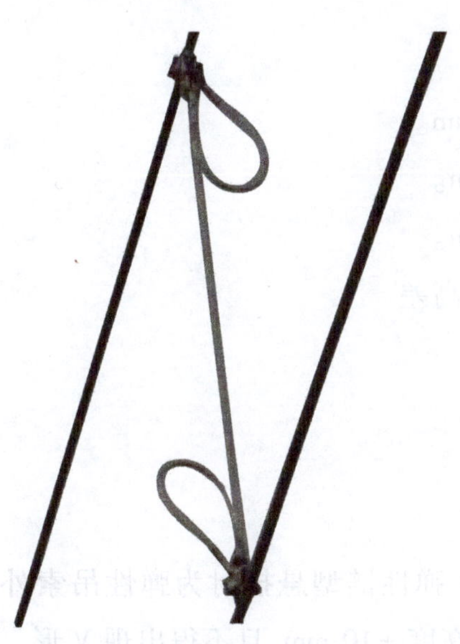

图 3-7　不可调整体吊弦安装图

2.2　标准学习

《维修规则》第一百零一条　吊弦

1. 吊弦偏移

接触线与承力索同材质时，顺线路方向吊弦偏移达到以下技术标准（交叉吊弦除外）。

标准值：0。

标准状态：20 mm。

警示值:50 mm。

限界值:100 mm。

2. 吊弦状态

吊弦的长度要能适应在极限温度范围内接触线的伸缩和弛度的变化,否则应采用滑动吊弦。吊弦预制长度应与计算长度相等,偏差应不大于 ±1.5 mm。

3. 吊弦线夹状态

吊弦线夹在直线处应保持铅垂状态,曲线处应垂直于接触线工作面。曲线处接触线吊弦线夹螺栓应穿向曲线外侧。

4. 载流环

吊弦载流环应固定在吊弦线夹螺栓的外侧,接触线吊弦线夹处载流环应与列车前进方向一致,线鼻子与接触线夹角保持30°~45°。承力索吊弦线夹处载流环应与列车前进方向相反。

5. 吊弦位置

标准值:设计值。

标准状态:标准值 ±50 mm。

警示值:标准值 ±100 mm。

限界值:标准值 ±200 mm。

6. 两相邻吊弦点接触线高差

标准值:0。

标准状态:10 mm。

警示值:10 mm。

限界值:15 mm。

定位点两侧第 1 吊弦处(弹性链型悬挂时为弹性吊索外第 1 吊弦)接触线高度应相等。相对于定位点处接触线高度 ±10 mm,且不得出现 V 形。

7. 吊弦损伤

标准值:无损伤。

标准状态:无损伤。

警示值:断 3 根单丝。

限界值:断 7 根单丝。

《维修规则》第一百零二条 弹性吊索及弹性吊索吊弦

1. 弹性吊索长度应符合设计要求,悬挂点两端长度相等,允许偏差为 ±20 mm。

2. 弹性吊索线夹处吊索外露中锚端为 20 mm,下锚端为 150 mm,允许偏差为 ±5 mm。

3. 弹性吊索工作张力符合设计规定，不得松弛。允许偏差为标准值±10%。

4. 弹性吊索不得有散股、断股(丝)、接头、补强、硬弯。

5. 第1吊弦与相邻弹性吊索吊弦的高度差小于10 mm。弹性吊弦与定位点处接触线高度相等。

6. 弹性吊索两端与承力索的连接符合设计规定。

2.3　具体检修

1. 检查整体吊弦

(1)检查接触线(承力索)、吊弦外观状态。

检查线夹本体及螺栓有无损伤、变形、裂纹、烧伤或其他不良状态，止动垫片是否安装到位(如无止动垫片且未涂防松胶，则涂防松胶)，侧线吊弦(95 mm^2)还应检查卡钉是否缺失，如有缺失则进行加装。

(2)检查吊弦线夹螺栓的安装方向及外观状态。

检查接触线吊弦线夹的螺栓安装方向，直线地段螺母在田野侧；曲线地段螺母在低轨侧。接触线吊弦线夹与接触线沟槽密贴入槽。接触线线面扭偏造成线夹偏斜不得大于15°。目测螺栓处有无刮痕、碳粉。

(3)检查吊弦线夹载流环。

检查线鼻子是否开裂，吊弦垂直及线夹倾斜角度小于15°时，鼻子应安装在螺栓头侧。承力索吊弦线夹与接触线吊弦线夹的载流环安装方向相反，吊弦的载流环，接触线端朝向行车前进方向侧，承力索端朝向行车的反方向侧。95 mm^2 承力索吊弦线夹的U形卡钉与载流圈在同一侧。载流圈角度合适，避免过低，吊弦载流环与接触线夹角不得小于30°，否则进行调整。

(4)检查整体交叉吊弦外观状态。

重点检查吊弦本体是否存在烧伤断股，其线夹螺栓有无损伤。

2. 检查吊弦线

外观状态检查。吊弦在任何温度环境下均垂直安装，偏差不得大于20 mm，检查吊弦线有无损伤、变形、断股、断丝、烧伤或其他不良状态，尤其是吊弦压接管喇叭口处吊弦线要重点检查是否存在断丝断股，掰开两吊弦线，检查到喇叭口内约1 mm；吊弦本线不受力时应测量导高、分析原因进行更换(若是中心锚结线夹旁不受力同时中心锚结绳绷紧，应检查下锚是否卡滞)；吊弦与心形环接触是否密贴；吊弦承力索线夹、U形卡环等是否变形。

对于下锚支吊弦，转换柱往下锚方向第一根吊弦必须检查到位；对于工作支鼓包的吊弦全部更换,非支鼓包的吊弦做好记录,后期安排处理;对于有断丝的吊弦应全部进行更换。

3. 止动垫片检查

止动垫片安装正确,止动片与本体及螺帽密贴,能有效发挥止动作用,并确保垫片安装到位后不会打弓。如垫片安装不正确,重新安装调整到位,对于缺少止动垫片且未涂防松胶的涂防松胶。

4. 安装位置检查

吊弦在任何情况下不得与其他线索相磨,否则进行调整或更换。

5. 检查弹性吊索

(1)检查弹性吊索是否有与平腕臂及其他零部件相磨的痕迹,如有相磨痕迹则根据现场实际情况进行处理:存在动态互磨,则对弹性吊索磨耗处包扎绝缘胶带;若弹性吊索磨斜拉线则调整斜拉线安装位置;弹性吊索磨拉线钩的情况可切断拉线钩,但不可损伤承力索座。

(2)检查弹性吊索线夹本体是否开裂、划线处线夹是否偏移,安装方向:弹性吊索的长段(线头端)装在补偿方向、弹性吊索线夹的两根长螺栓安装在田野侧,螺栓竖直朝下安装;弹性吊索线夹螺杆是否有弯曲变形。

(3)检查弹性吊索线索本体有无断散股、有无损伤。尤其是弹性吊索线夹处,将承力索与弹性吊索稍微拉开,采用三视法使用强光灯照射检查弹性吊索线夹牙口处 2 mm 左右的位置的线索状态,是否存在断丝、断股现象。

任务 3　检修锚段关节

3.1　设备认知

3.1.1　锚段和锚段长度的确定

在区间或站场,为满足供电、机械方面的分段要求,将接触网分成若干一定长度且相互独立的分段称锚段。锚段两端承力索和接触线都直接或间接地通过补偿装置固定到锚柱上。锚段是接触网的基本单元,一个锚段包括若干个跨距、一个中心锚结、两端下锚装置,以及与相邻锚段衔接的锚段关节,锚段关节示意如图 3-8 所示。

1. 锚段的作用

(1)缩小事故范围。发生断线或支柱折断等事故时,由于接触网锚段在分段方面的独立性而把事故限制在一个锚段内不再扩大,不致波及相邻锚段。

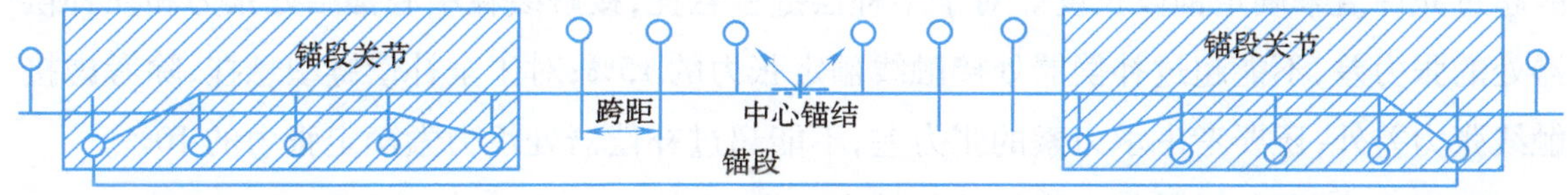

图 3-8　锚段关节示意

(2)便于线索两端加张力补偿装置。调整线索张力,使承力索和接触线张力基本保持不变,提高悬挂稳定性,同时调整接触线的弛度,使接触线弛度减小,有利于电力机车取流。

(3)锚段便于供电分段,缩小检修或故障时的停电范围。在进行接触网停电检修时,可以打开绝缘锚段关节的隔离开关,使被检修设备和其他锚段分开,使停电范围缩小,可保证非检修锚段的正常供电。

(4)锚段便于设供电分相。通过绝缘锚段关节可以将不同段的异相电分开,以满足供电方式的需要。

2. 锚段长度的确定

跨距是接触网的基本长度单元。在接触网中,有技术跨距、经济跨距、最大许可跨距等跨距概念。

从投资角度确定的跨距称为经济跨距,显然越大越好;从保证弓网安全角度确定的跨距称为技术跨距,显然,技术跨距永远小于经济跨距,平衡二者的是最大许可跨距,最大许可跨距是指考虑预期车辆运行需求和给定最大风偏及悬挂最大弹性后,能确保接触线不离开受电弓滑板工作范围的最大跨距值,其大小取决于:接触悬挂类型、线材材料及形状、承力索和接触线张力及拉出值大小、基本运行风速、受电弓弓头尺寸和列车横向位移、线路状况(横断面、纵断面)、支柱型号与材质、接触悬挂跨中弹性及相邻跨距的弹性差异、列车运行速度和运行方式等多种因素。在环境条件许可和满足运输要求的情况下应尽量采用最大许可跨距。

锚段长度取决于接触网的实际工作环境(如最高温度、最低温度、最大风速、线路状况)和接触网的机械特性(如线索张力差、补偿装置的形式及有效工作范围、锚段关节内两组悬挂间的绝缘间隙允许偏差)。接触网的每一个锚段包括若干跨距,接触网锚段长度确定时主要考虑以下几个方面的因素:

(1)首先考虑到发生事故时,使事故范围尽量缩小,因此锚段长度不宜过长。

(2)其次考虑到在温度变化时,由于线索的伸缩而引起的吊弦、定位器及腕臂等处的偏移不得超过允许值。同时考虑到锚段两端补偿器坠舵在极限温度下不致过低(坠舵底面触及地面或基础面)或过高(碰触定滑轮),必须限制锚段长度。

(3)最后考虑在极限温度下,承力索和接触线在补偿器处与在中心锚结处的张力差不能超过允许值来确定锚段长度。对于半补偿链型悬挂，接触线在中心锚结处张力和在补偿器处的张力差，不能超过补偿器处接触线额定张力的15%；对于全补偿链型悬挂，除考虑接触线张力差外，还要考虑承力索的张力差，不能超过补偿器处承力索额定张力的10%。

根据上述原则，锚段长度取经验值见表3-6。

表3-6　链型悬挂锚段长度经验取值

悬挂类型	锚段所在线路情况	锚段长度(mm)
半补偿链型悬挂	直线区段(一般)	1 600
	直线区段(困难)	1 800
	直线和曲线各占一半时	1 300
	曲线占70%以上时	1 100
全补偿链型悬挂	直线区段(一般)	1 800
	直线区段(困难)	2 000
	曲线占70%以上时	不超过1 500

注：1. 200 km/h区段正线接触网锚段长度一般情况下不超过1 600 mm，困难情况下不超过1 700 mm。
2. 200 km/h区段站线接触网锚段长度一般情况下不超过1 800 mm，困难情况下不超过1 900 mm。

在长大隧道内，全补偿、半补偿链型悬挂锚段长度确定原则是一样的，在长度不超过2 000 m时，隧道内尽量避免设置锚段关节，隧道长度超过2 000 m时，方可考虑在隧道内下锚。

3.1.2　锚段关节

两个相邻锚段衔接部分称为锚段关节。在锚段关节处，两锚段的接触悬挂是并排架设的，对它的基本要求是当机车通过时，应保证机车受电弓平滑地由一个锚段过渡到另一个锚段。根据锚段所起的作用，可分为非绝缘锚段关节和绝缘锚段关节。非绝缘锚段关节仅起机械分段的作用，组成锚段关节的两组悬挂彼此间通过电连接直接从电气上连通，空气间隙较小；绝缘锚段关节既起机械分段的作用，也起电气分段的作用，组成锚段关节的两组悬挂彼此间通过隔离开关实现电气通断，空气绝缘间隙应满足27.5 kV(按35 kV电压等级控制)的绝缘要求。

根据锚段关节所含跨距数，锚段关节可分为三跨、四跨、五跨等结构形式。

1. 四跨绝缘锚段关节

四跨绝缘锚段关节如图3-9所示。

在四跨绝缘锚段关节中，位于两转换柱之间的接触线在水平面内的投影平行，线间距450 mm；转换柱处，两组悬挂的垂直距离应保持在400～500 mm(悬式绝缘子分段时)或350～400 mm(直径不大于150 mm的绝缘杆件分段时)。非工作支接触线的分段绝缘子或绝缘杆的下裙边应高于工作支接触线 200 mm 以上；中心柱两定位点的连线与轨平面平行处，导高比标准导高约高 40～80 mm，允许误差 −20 mm；在曲线区段，中心柱定位点两导线对于水平面的相对高差为

$$A = \frac{h \cdot X}{L} \tag{3-1}$$

式中　X——中心柱处两支导线间的水平距离（mm）；

L——轨距（mm）；

h——外轨超高（mm）。

下锚柱处，绝缘子串距定位滑轮中心的距离不得小于 800 mm；在两转换柱内侧靠近转换柱处，非支承力索和接触线各加设一串悬式绝缘子（一般为 4 片）；在锚柱与转换柱间距转换柱 10 m 处安装电连接，将锚段最后一跨的线索相互连接；在锚段关节开口方向的转换柱上安装隔离开关，严禁带负荷操作隔离开关（负荷隔离开关除外）；下锚支线索偏离原走向时，正线偏角不大于 4°，困难时不大于 6°；站线不大于 6°，困难时不大于 8°。

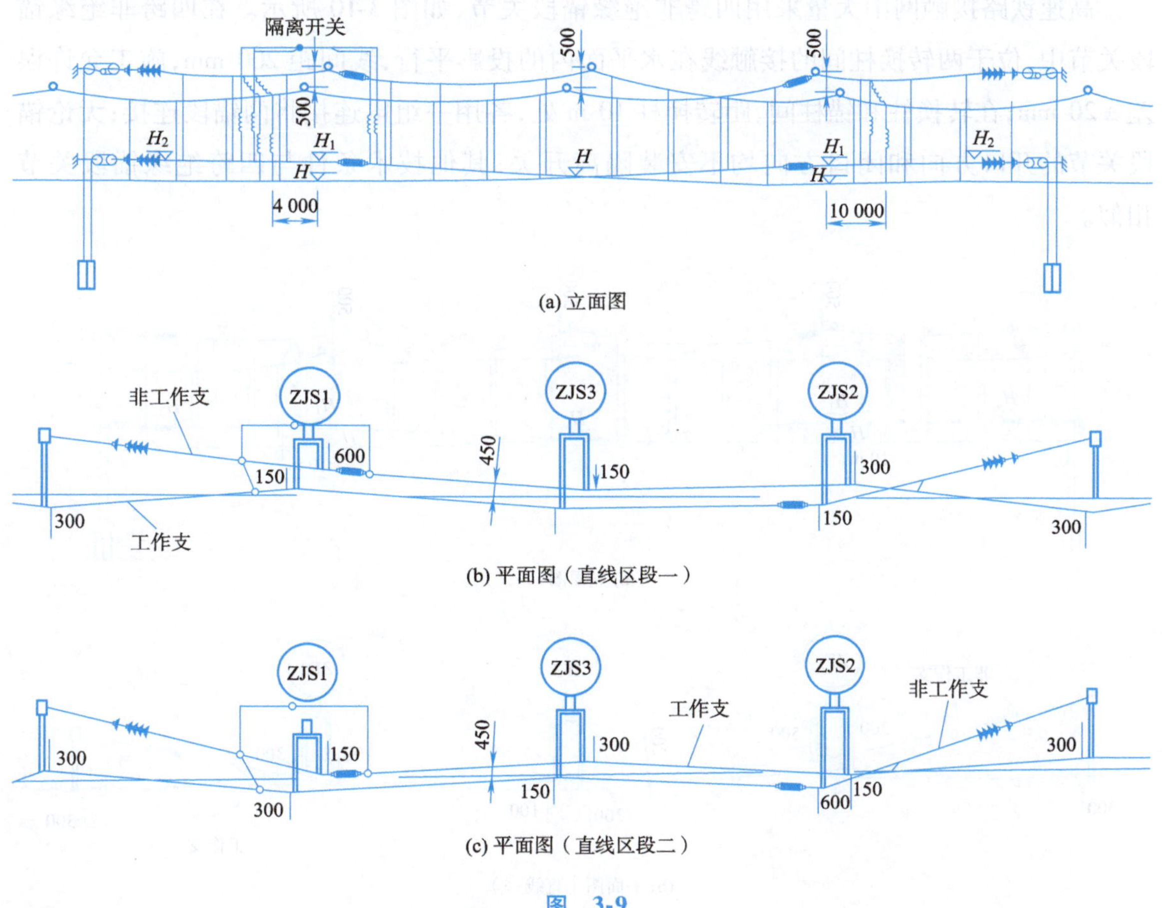

(c) 平面图（直线区段二）

图　3-9

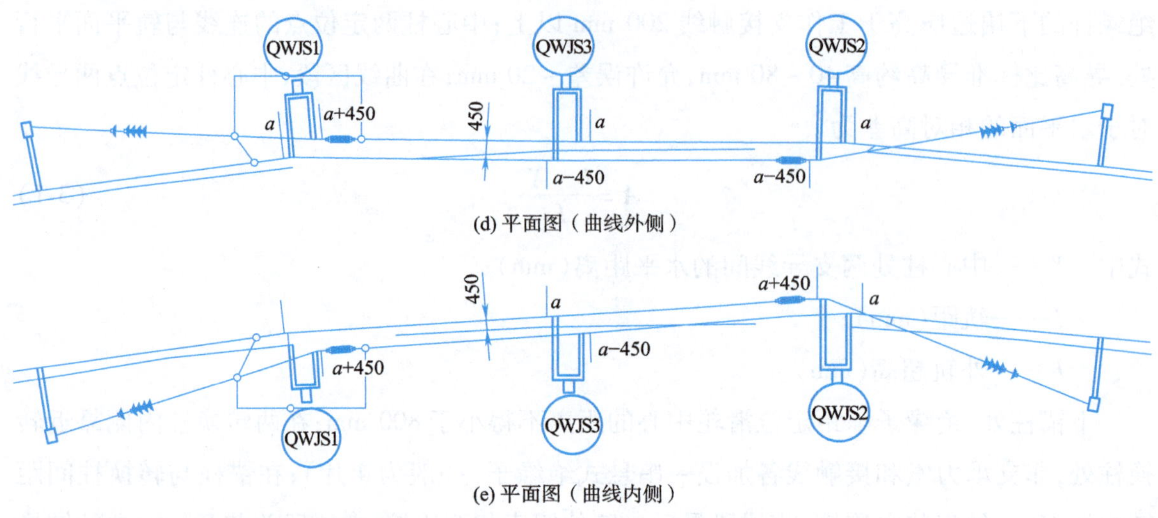

图 3-9　四跨绝缘锚段关节结构示意(单位:mm)

2. 四跨非绝缘锚段关节

高速铁路接触网中大量采用四跨非绝缘锚段关节，如图 3-10 所示。在四跨非绝缘锚段关节中，位于两转换柱间的接触线在水平面内的投影平行，线间距 200 mm，施工允许误差 ±20 mm；在转换柱和锚柱间，距转换柱 10 m 处，各用一组电连接将两锚段连接；无论锚段关节的开口方向和闭口方向均不安装隔离开关；其他技术条件与四跨绝缘锚段关节相似。

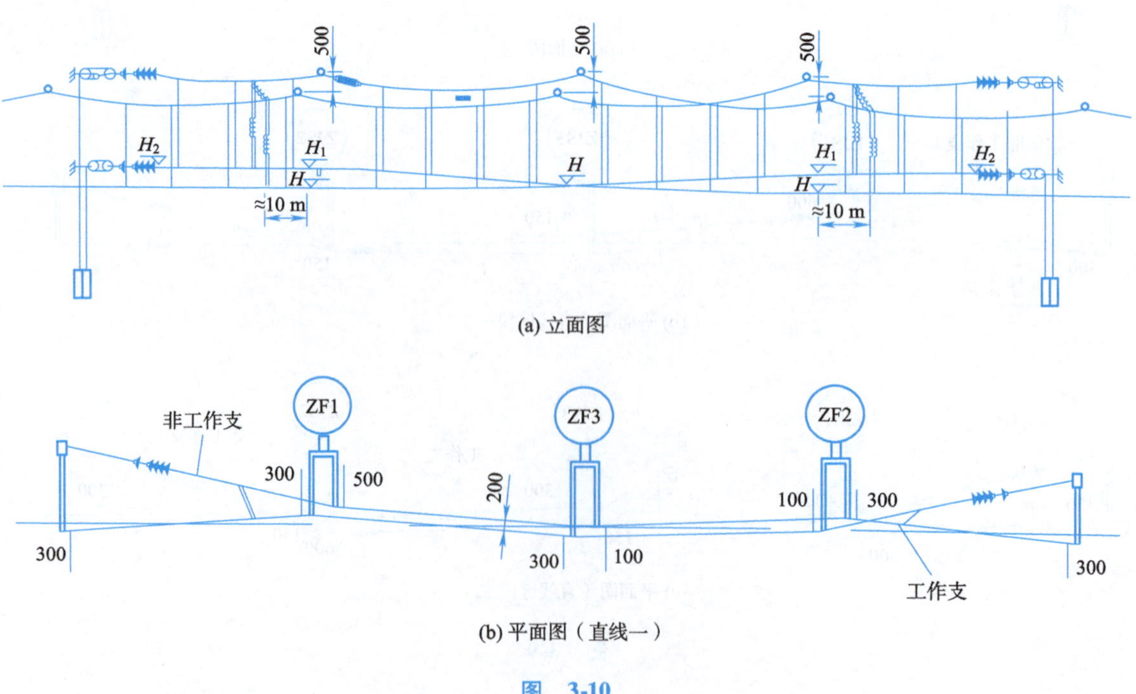

图　3-10

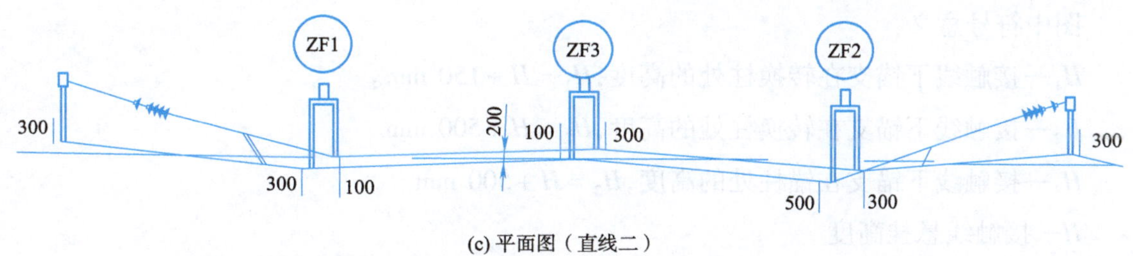

(c) 平面图（直线二）

图 3-10　四跨非绝缘锚段关节结构示意(单位:mm)

3. 五跨绝缘锚段关节

五跨绝缘锚段关节如图 3-11 所示。

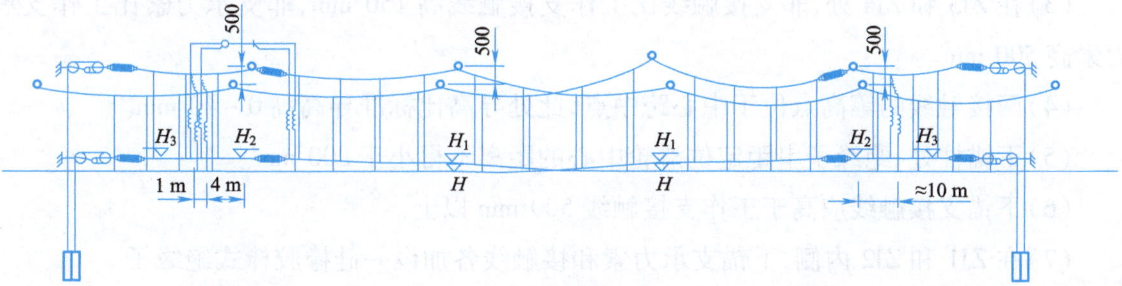

(a) 立面图

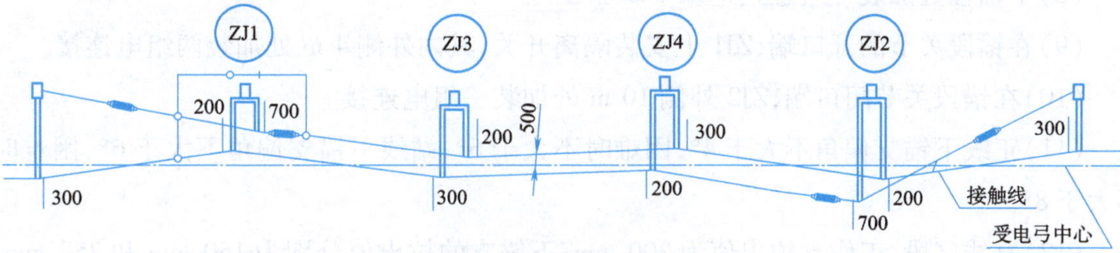

(b) 平面图（直线）

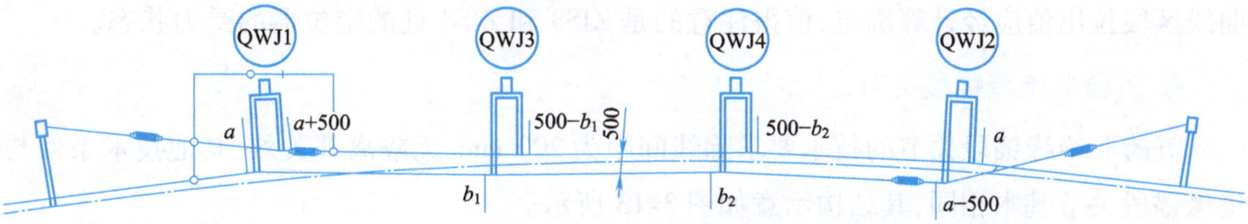

(c) 平面图（曲线外侧）

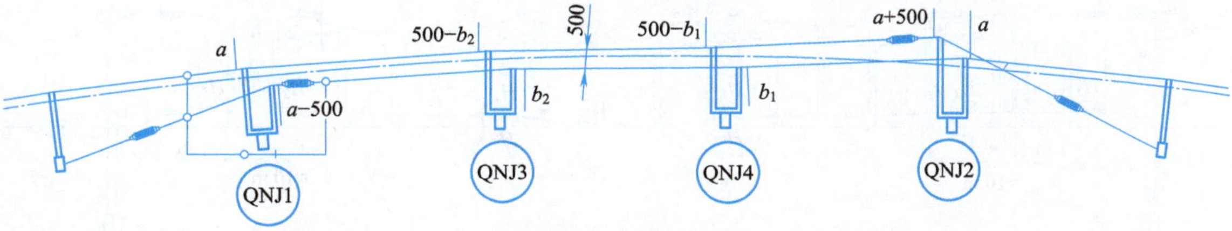

(d) 平面图（曲线内侧）

图 3-11　五跨绝缘锚段关节结构示意(单位:mm)

图中符号意义：

H_1—接触线下锚支在转换柱处的高度，$H_1 = H + 150$ mm。

H_2—接触线下锚支在转换柱处的高度，$H_2 = H + 500$ mm。

H_3—接触线下锚支在锚柱处的高度，$H_3 = H + 500$ mm。

H—接触线悬挂高度

五跨绝缘锚段关节宜用在 $160 < v \leqslant 200$ km/h 速度的线路上。

(1)位于转换柱间的接触线在水平面内的投影平行，线间距为 450 mm。

(2)在 ZJ1 和 ZJ2 处，两组悬挂的垂直距离为 500 mm，下锚支接触线的绝缘子(或绝缘杆)的下裙边高于工作支接触线 200 mm 以上。

(3)在 ZJ3 和 ZJ4 处，非支接触线比工作支接触线高 150 mm，非支承力索比工作支承力索高 500 mm。

(4)两接触线的等高点位于中心跨中点，此处导高比标准导高高 0～40 mm。

(5)下锚柱处，绝缘子串距定位滑轮中心的距离不得小于 800 mm。

(6)下锚支接触线应高于工作支接触线 500 mm 以上。

(7)在 ZJ1 和 ZJ2 内侧，下锚支承力索和接触线各加设一硅橡胶棒式绝缘子。

(8)下锚柱处加装一组悬式绝缘子串。

(9)在锚段关节的开口端，ZJ1 上安装隔离开关，其内外侧 4 m 处加装两组电连接。

(10)在锚段关节闭口端，ZJ2 外侧 10 m 处加装一组电连接。

(11)正线下锚支偏角不大于 4°，困难时不大于 6°；站线下锚支偏角不大于 6°，困难时不大于 8°。

(12)直线区段，工作支拉出值为 300 mm；下锚支的拉出值分别为 150 mm 和 750 mm；曲线区段拉出值应经计算确定；值得注意的是 ZJS3 和 ZJS4 处的定位器的受力状态。

4. 五跨非绝缘锚段关节

五跨非绝缘锚段关节的技术要求除线间距为 200 mm，无隔离开关外，其他技术条件与绝缘锚段关节基本相同，其结构示意如图 3-13 所示。

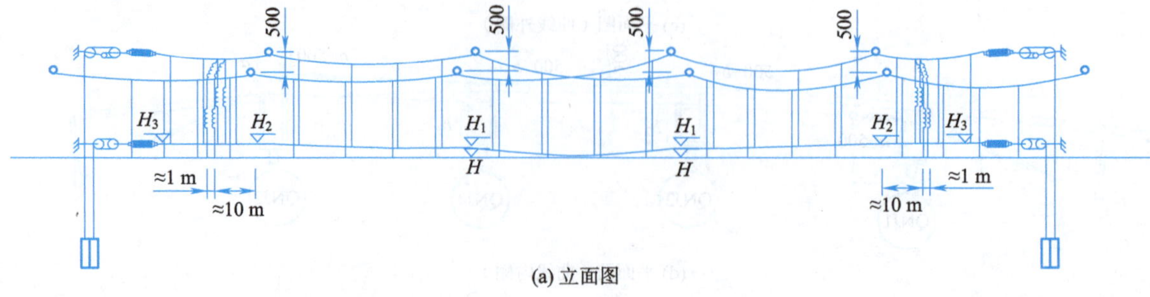

(a) 立面图

图 3-12

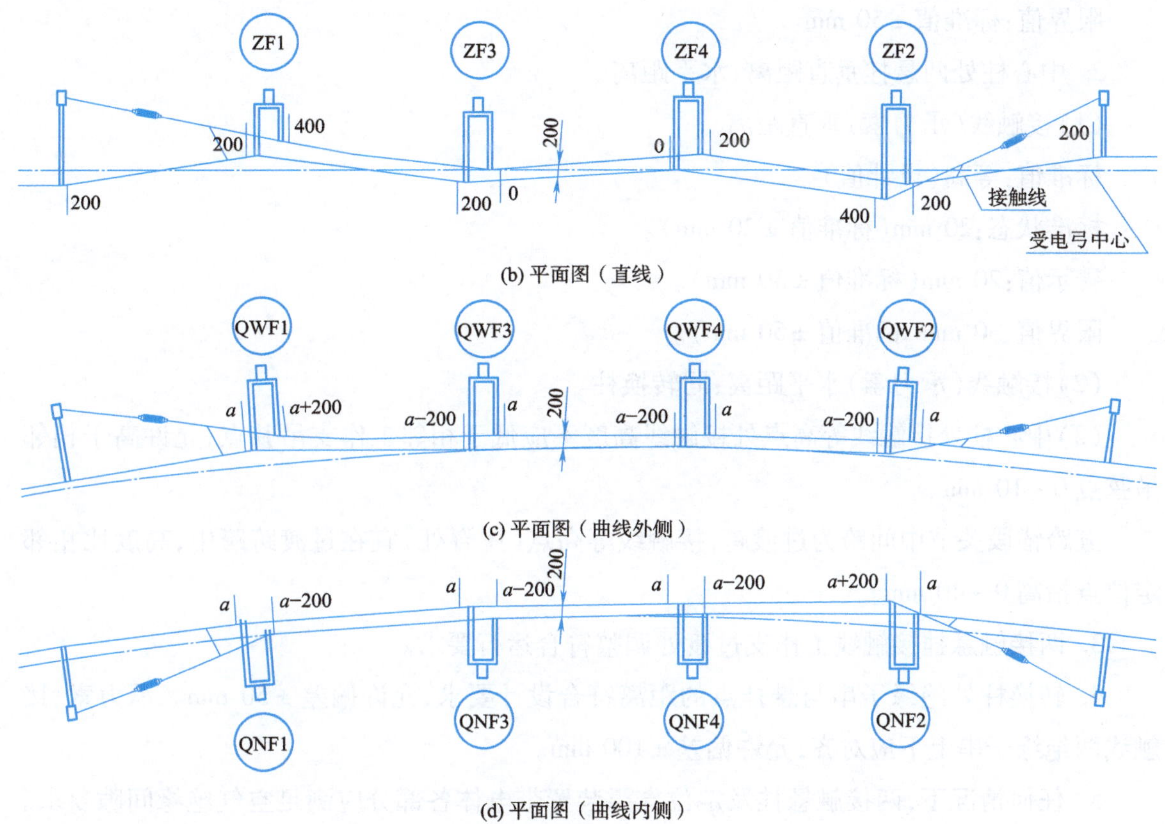

(b) 平面图（直线）

(c) 平面图（曲线外侧）

(d) 平面图（曲线内侧）

图3-12　五跨非绝缘锚段关节结构示意(单位:mm)

图3-12中符号意义:

H_1—接触线下锚支在转换柱处的高度,$H_1=H+150$ mm。

H_2—接触线下锚支在转换柱处的高度,$H_2=H+500$ mm。

H_3—接触线下锚支在锚柱处的高度,$H_3=H+500$ mm。

H—接触线悬挂高度。

一般而言,在车站或大型站场两端、大型桥隧两端均应设置绝缘锚段关节。

锚段关节是接触网的薄弱环节,是接触悬挂机电分段和受电弓转换过渡的主要结构形式,无论设计、施工、运营都应高度重视其机电性能。

3.2　标准学习

《维修规则》第一百零三条　绝缘锚段关节及关节式分相

1. 转换柱处两悬挂垂直距离、水平距离

标准值:设计值。

标准状态:标准值±20 mm。

警示值:标准值±30 mm。

限界值:标准值 ±50 mm。

2. 中心柱处两悬挂垂直距离、水平距离

(1)接触线(承力索)垂直距离

标准值:等高(设计值)。

标准状态:20 mm(标准值 ±20 mm)。

警示值:20 mm(标准值 ±30 mm)。

限界值:30 mm(标准值 ±50 mm)。

(2)接触线(承力索)水平距离:同转换柱。

(3)中心柱处接触线等高点处接触线高度不应低于相邻工作支吊弦点,允许高于相邻吊弦点 0 ~ 10 mm。

五跨锚段关节中间跨为过渡跨,接触线等高点(屋脊处)宜在过渡跨跨中,高度比相邻定位点抬高 0 ~ 40 mm。

3. 两接触悬挂接触线工作支过渡处调整符合运行要求。

4. 转换柱处绝缘子串与悬挂点的距离符合设计要求,允许偏差 ±50 mm。承力索、接触线两绝缘子串上下应对齐,允许偏差 ±100 mm。

5. 任何情况下,两接触悬挂及定位支撑装置带电体各部分应满足空气绝缘间隙要求。锚段关节内的定位支撑、吊弦载流环、斜拉线等不得减小空气绝缘间隙。

6. 关节式电分相中性区和无电区长度符合设计要求。

《维修规则》第一百零四条 非绝缘锚段关节

1. 设计极限温度下,两悬挂各部分(包括零部件)之间的距离应保持 50 mm 以上。

2. 转换柱处两接触线水平距离

标准值:设计值。

标准状态:标准值 ±20 mm。

警示值:标准值 ±50 mm。

限界值:标准值 ±100 mm。

3. 转换柱处两接触线垂直距离

标准值:设计值。

标准状态:标准值 ±20 mm。

警示值:标准值 ±30 mm。

限界值:标准值 ±50 mm。

4. 中心柱处两接触线水平距离为设计值,允许偏差 ±30 mm;两接触线距轨面等高,允许偏差 ±20 mm。两接触悬挂接触线工作支过渡处接触线调整符合运行要求。

第一百零五条 锚支接触线在其垂直投影与线路钢轨交叉处,应高于工作支接触线 300 mm 以上,并持续抬升至下锚处。下锚角钢安装高度应符合线索延伸下锚抬升的需要。

3.3 具体检修

3.3.1 锚段关节处弓网设备故障

锚段关节是两个相邻锚段的衔接部分,结构比较复杂,技术要求多而高。特别是大曲线区段,由于外轨超高等原因易发生弓网事故,一旦发生弓网事故,不仅会造成锚段关节处接触网设备的损坏,而且同时造成两相邻锚段接触网设备不同程度和范围的损坏,使其恢复的工作量及难度大。因此,抢修锚段关节弓网事故时,常用的办法是保证导线高度临时供电降弓通过或完全恢复等,需根据实际情况灵活运用。

故障除因受电弓本身带伤运行等原因造成外,锚段关节自身造成的有如下几个方面:

(1)绝缘锚段关节工作支与非工作支的承力索或接触线间距不符合规定。当锚段关节处隔离开关打开,锚段关节一端停电并接地后,而另一端有电,两组悬挂间由于间距不够,使间隙空气击穿短路,放电烧坏部件;当停电结束,隔离开关合上送电后,电力机车受电弓通过时,由于接触网部件烧坏造成刮弓故障,或者因取流过大烧断线索造成接触网设备故障。

(2)绝缘锚段关节在转换柱处,非工作支接触线抬高不够,受电弓打在分段绝缘子串后刮弓。当受电弓打击分段绝缘子串后,一是直接造成锚段关节处刮弓故障;二是虽未直接造成锚段关节处刮弓故障,但被损伤的受电弓继续运行,在其他接触网设备不良处造成弓网故障。

(3)绝缘锚关节在转换柱处,两组悬挂的承力索和接触线的水平和垂直距离满足的要求,但两组悬挂上所安装的部件间的距离小于 450 mm,当锚段关节一端停电接地后,两组悬挂部件间空气间隙不够,造成空气击穿短路放电烧坏部件或烧断线索,也能造成刮弓故障或设备故障。

(4)绝缘锚段关节各部间隙满足要求,但两组悬挂接触线拉出值(“之”字值)超标,致使某一支接触线不在受电弓工作范围内,受电弓脱弓或钻弓造成刮弓故障。

(5)非绝缘锚段关节转换柱处,非工作支接触线抬高不够(远小于 200 mm),当受弓运行将工作支抬高时,由于非工作支接触线抬高不够,致使受电弓钻入非工作支上部或碰撞非工作支锚支定位卡子,从而引起刮弓故障。

3.3.2 锚段关节处检查项目

锚段关节处需检查的项目:锚段关节参数测量、检修绝缘子、检修电连接、检修接触悬挂(承力索、接触线;吊弦、弹性吊索)、检修附加悬挂、检修定位支撑装置、检修隔离开关等项目。

(1)使用水平尺或激光测量仪对锚段关节进行参数测量。

①绝缘锚段关节。

五跨绝缘锚段关节两组悬挂的接触线之间和承力索之间必须保持 500 mm 的绝缘距离，中心柱处非支抬高 150 ± 10 mm，转换柱处非工作支抬高 500 ~ 600 mm，然后拉向锚柱下锚，两中心柱之间的跨距中心处过渡，过渡处，两接触线等高，过渡跨两接触线等高处导线高度允许比相邻定位点抬高 0 ~ 40 mm。五跨绝缘锚段关节检修示意如图 3-13 所示。

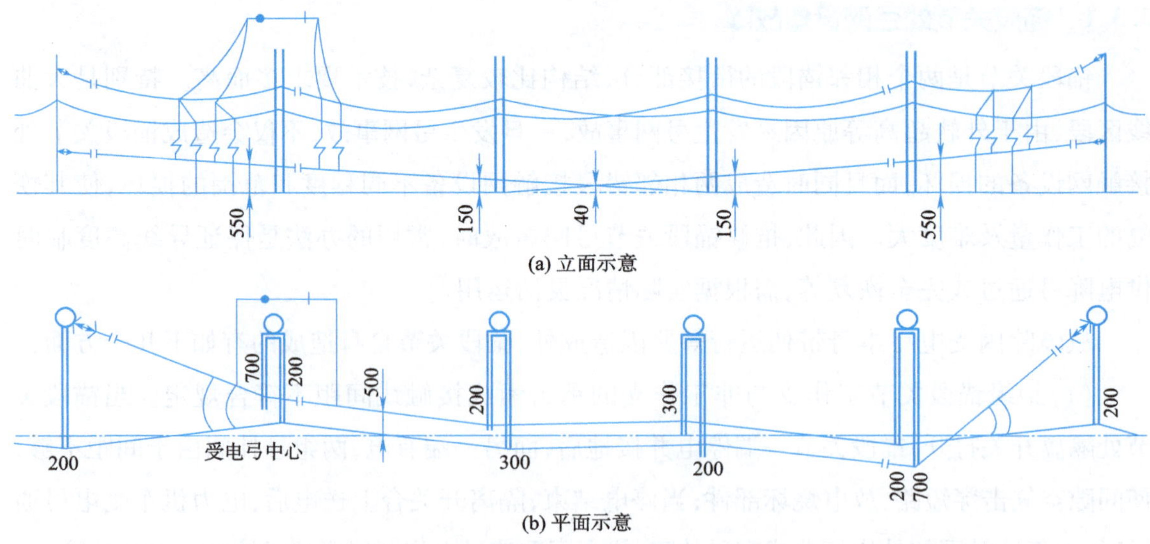

图 3-13　五跨绝缘锚段关节检修示意(单位:mm)

四跨绝缘锚段关节其承力索之间、接触线之间在垂直方向和水平方向都彼此相距 500 mm。在转换柱处非工作支抬高 500 ~ 600 mm。中心柱处，两接触线等高实现锚段过渡。四跨绝缘锚段关节检修示意如图 3-14 所示。

②非绝缘锚段关节

五跨非绝缘锚段关节两组悬挂的接触线之间和承力索之间必须保持 200 mm 的绝缘距离，中心柱处非支抬高 150 mm ± 10 mm，转换柱处非工作支抬高 500 ~ 600 mm，然后拉向锚柱下锚，两中心柱之间的跨距中心处过渡，过渡处，两接触线等高，过渡跨两接触线等高处导线高度允许比相邻定位点抬高 0 ~ 40 mm。五跨非绝缘锚段关节检修示意如图 3-15 所示。

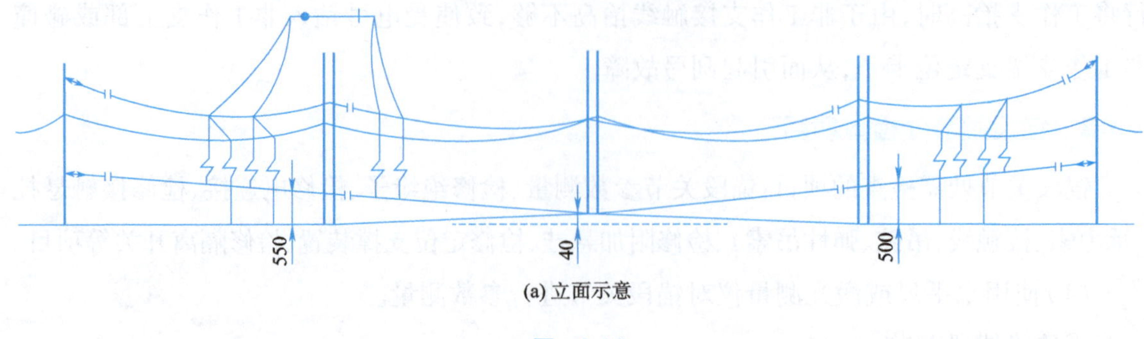

图　3-14

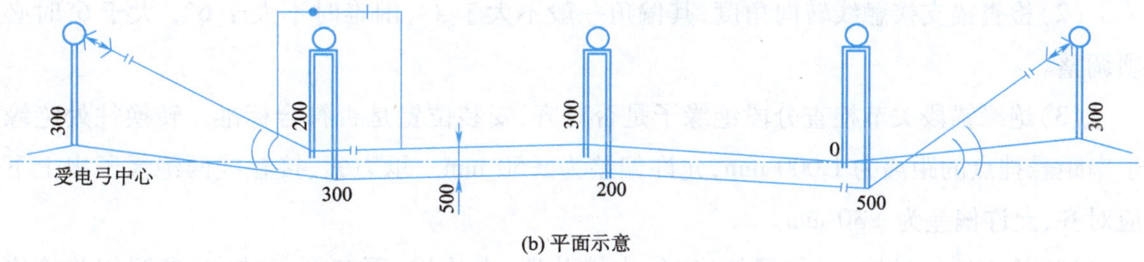

(b) 平面示意

图 3-14　四跨绝缘锚段关节检修示意(单位:mm)

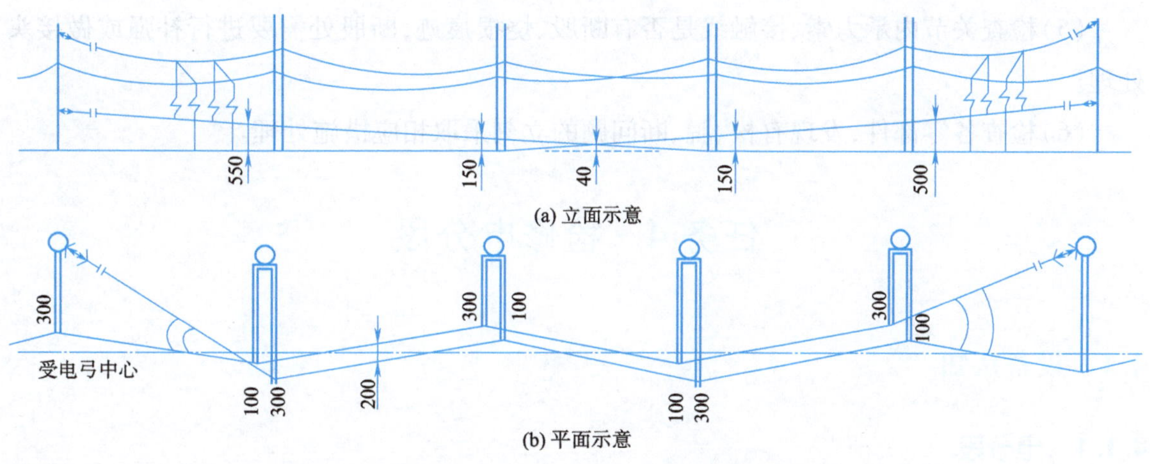

图 3-15　五跨非绝缘锚段关节检修示意(单位:mm)

四跨绝缘锚段关节其承力索之间、接触线之间在垂直方向和水平方向都彼此相距 200 mm。在转换柱处非工作支抬高 500 ~ 600 mm。中心柱处,两接触线等高实现锚段过渡。四跨非绝缘锚段关节检修示意如图 3-16 所示。

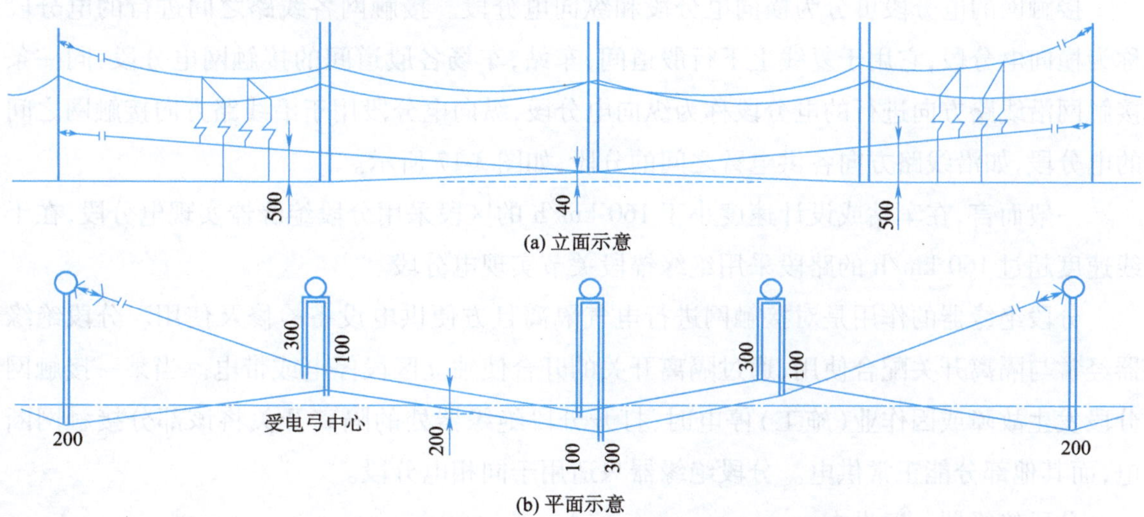

图 3-16　四跨非绝缘锚段关节检修示意(单位:mm)

(2)检查锚支接触线转向角度,其偏角一般不大于4°,困难时不大于6°,大于6°时必须调整。

(3)绝缘锚段关节检查分段绝缘子是否对齐,安装位置是否符合标准。转换柱处绝缘子串距悬挂点的距离为1 000 mm,允许偏差为±50 mm。承力索、接触线两绝缘子串上下应对齐,允许偏差为±30 mm。

(4)检查接触悬挂、附加悬挂、定位支撑装置、电连接、隔离开关状态,参照相关检修要求。

(5)检查关节内承力索、接触线是否有断股、烧损痕迹,断股处需要进行补强或做接头处理。

(6)检查各零部件,发现有松、脱、断问题的立刻采取相应措施处理。

任务4　检修电分段

4.1　设备认知

4.1.1　电分段

为增加接触网供电的灵活性和安全性,方便供电和检修的需要,根据车站或站场的分布情况,以及变电所(亭)馈出线的供电情况,将接触网分成不同的供电片区,这种分片区供电的形式称为接触网的分束供电,将接触网从电气上分开的区段就称为电分段。不同的供电片区之间通过绝缘子、分段绝缘器、隔离开关、绝缘锚段关节等设备和结构连接。

接触网的电分段可分为横向电分段和纵向电分段。接触网各线路之间进行的电分段称为横向电分段,它用于复线上下行股道间,车站,车场各股道间的接触网电分段:同一条接触网沿线路方向进行的电分段称为纵向电分段,纵向电分段用于沿线路方向接触网之间的电分段,如沿线路方向各供电臂之间的分段,如图3-17所示。

一般而言,在车站或设计速度小于160 km/h的区段采用分段绝缘器实现电分段,在干线速度超过160 km/h的路段采用绝缘锚段关节实现电分段。

分段绝缘器的作用是对接触网进行电气隔离且方便供电设备检修及使用。分段绝缘器经常与隔离开关配合使用,通过隔离开关的开合使独立区段停电或带电。当某一接触网分段发生故障或因作业(施工)停电时,打开分段绝缘器处的隔离开关将该部分接触网断电,而其他部分能正常供电。分段绝缘器只适用于同相电分段。

分段绝缘器一般设在:

(1)货物线及进行装卸作业的线路;

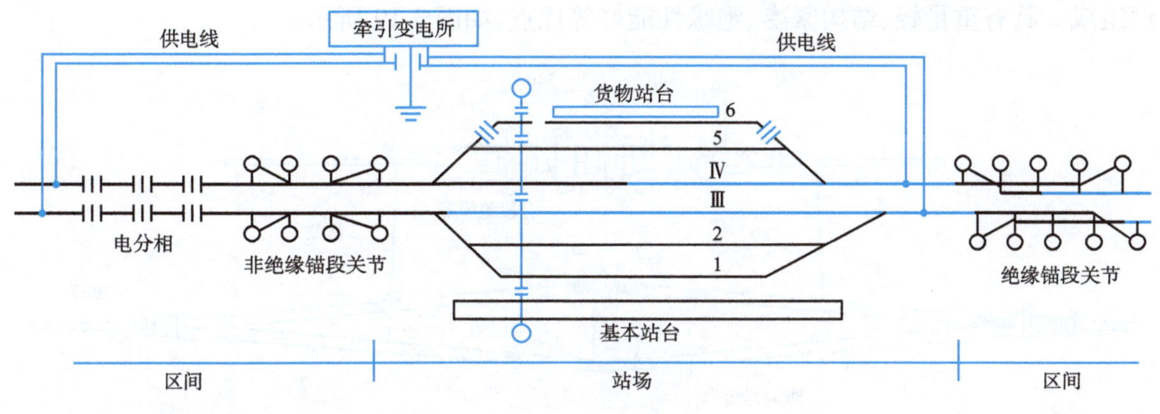

图 3-17　电分段示意

(2)机车整备线的线路;

(3)同一车站不同车场之间的分段;

(4)上下行之间分区;

(5)采用绝缘锚段关节有困难的车站正线及段管线等。

这些处所由于受线路条件等因素的制约,难以布置绝缘锚段关节,因而设置分段绝缘器。

4.1.2　分段绝缘器结构及分类

在接触悬挂中插入由绝缘部件、导流部件和零部件组成的构件,能使同相位的相邻两段接触悬挂实现电分段,并允许受电弓通过和不间断取流的接触网绝缘设备。按标准《电气化铁路接触网用分段绝缘器》(TB/T 3036—2016)的分类分为:

1. 接触式分段绝缘器

主绝缘部件运行时电力机车受电弓与其直接接触的分段绝缘器。

2. 非接触式分段绝缘器。

主绝缘部件运行时电力机车受电弓不与其直接接触的分段绝缘器。

目前常用的分段绝缘器主要有:

(1)菱形分段绝缘器

菱形分段绝缘器的最大优点是其采用整体式结构,因而结构紧凑,重量轻,便于安装和维护,使用寿命较长,且不易出现打弓现象,如图 3-18 所示。但因桥式绝缘子采用的是硅橡胶材料,容易老化和脆裂,所以绝缘子的寿命较短。后来把这种桥式硅橡胶绝缘子换成聚四氟乙烯护套绝缘子,大大地延长了其使用寿命。

(2)消弧分段绝缘器

消弧分段绝缘器是一种复合分段绝缘器,它由绝缘棒、消弧角隙、滑道及相应配件、组件组成。具有重量轻、结构紧凑、绝缘性能好等优点，如图 3-19 所示。

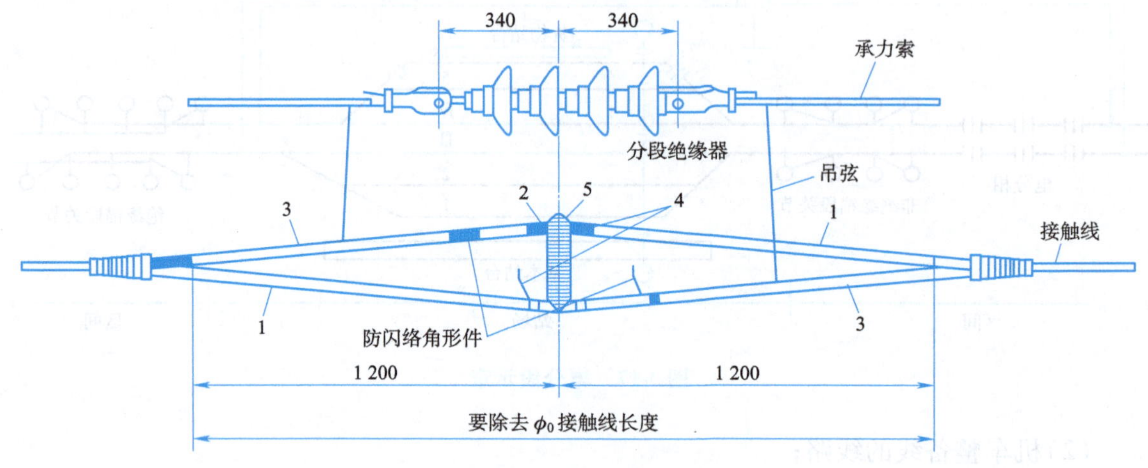

图 3-18　菱形分段绝缘器示意（单位：mm）

1—玻璃纤维树脂绝缘板；2—桥绝缘子安装座；3—导流板；

4—防闪络角隙；5—裙硅橡胶桥绝缘子

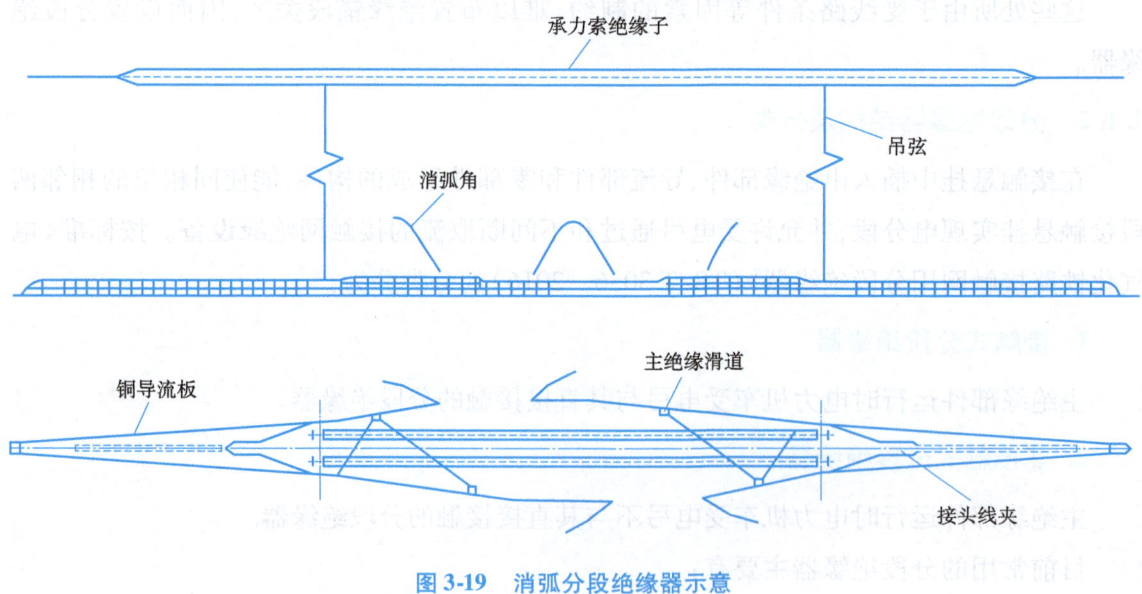

图 3-19　消弧分段绝缘器示意

（3）DXF-(1.6)型分段绝缘器

DXF-(1.6)型分段绝缘器分为 DX-(1.6) Ⅰ型、DXF-(1.6) Ⅱ型两种。

DX-(1.6) Ⅰ型分段绝缘器是一种新型电分段绝缘器，它能有效地避免对绝缘部件、接触线、承力索、金属构件的烧伤及烧坏。其结构特点是，它的两端在电气上是完全绝缘的，中间通过绝缘杆件连接在一起，其导流滑杆是固定于绝缘杆件上的，爬距达 1 600 mm，具有消弧角隙（长 200 mm）。因此，它具有良好的耐压强度，全波脉冲电压达 160 kV。同时，具有较好的机械强度,破坏荷载达 64 ~ 75 kN。该分段绝缘器与国内外同类型产品相比,具有结构简单、重量轻、机械及电气性能好、安装及维护方便的特点,在受电弓通过时,具有良好的平稳性。由于具有较好的消弧性能,不仅安全可靠,而且能有效延长绝缘器检修周期和使用寿命。

DXF-(1.6)Ⅱ型分段绝缘器是在 DX-(1.6)Ⅰ型的基础上,结合当前电气化铁路发展的技术特点对其薄弱环节进行改进、补强,贯彻"免维修少维护、分段绝缘器强受电弓弱、良好的弓网匹配"三大理念而研制,如图 3-20 所示。

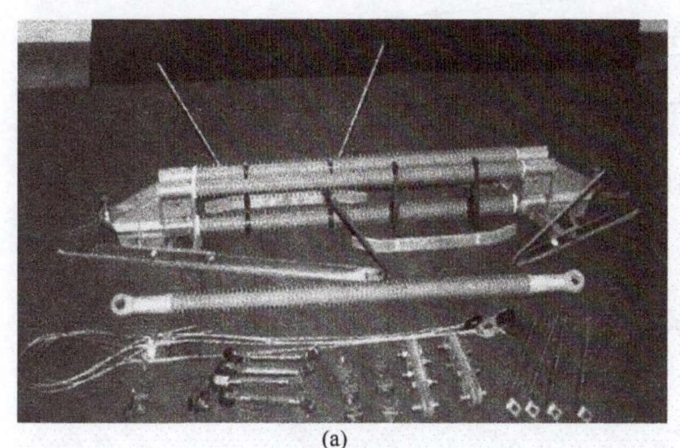
(a)

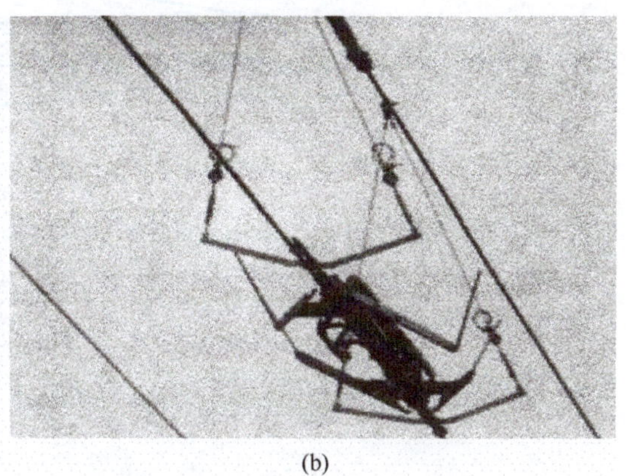
(b)

图 3-20 DXF-(1.6)Ⅱ型分段绝缘器

DXF-(1.6)Ⅱ型分段绝缘器主体采用锚头与三根绝缘棒的一体化结构,增强了整体的刚性,克服平面结构易产生挠度的缺点,且主绝缘棒与受电弓为非接触式,在主绝缘棒两侧有相对斜边对称的金属滑道与辅助绝缘滑道构成一个底部平面,与电力机车(动车组)受电弓平滑接触、过渡。本体通过接触线夹与接触线连接,每侧两金属滑道间有消弧棒,以便两端有电位差时进行消弧,防止主绝缘件的烧损,两侧相对的金属滑道间有一个重叠区,保证供电的连续性。

(4)AF 分段绝缘器

AF 分段绝缘器突出的优点就是灭弧率高。AF 分段绝缘器通常可用于 300 ~ 500 V 电位差处,电流可达 2 000 A,特殊情况时两端电位差也可以达到 5 ~ 7 kV。

目前,在我国 AF 分段绝缘器实现了国产化(XTK 消弧分段绝缘器)并且得到了广泛应用,该型分段绝缘器如图 3-21 所示。

(5)进口 SIEMENS(类似 AF 结构)双绝缘棒(单接触线形式)的轻型分段绝缘器

京津、武广等高铁使用 SIEMENS(类似 AF 结构)公司进口分段器,价格贵。该轻型分段绝缘器由以下主要部件组成,如图 3-22 所示。

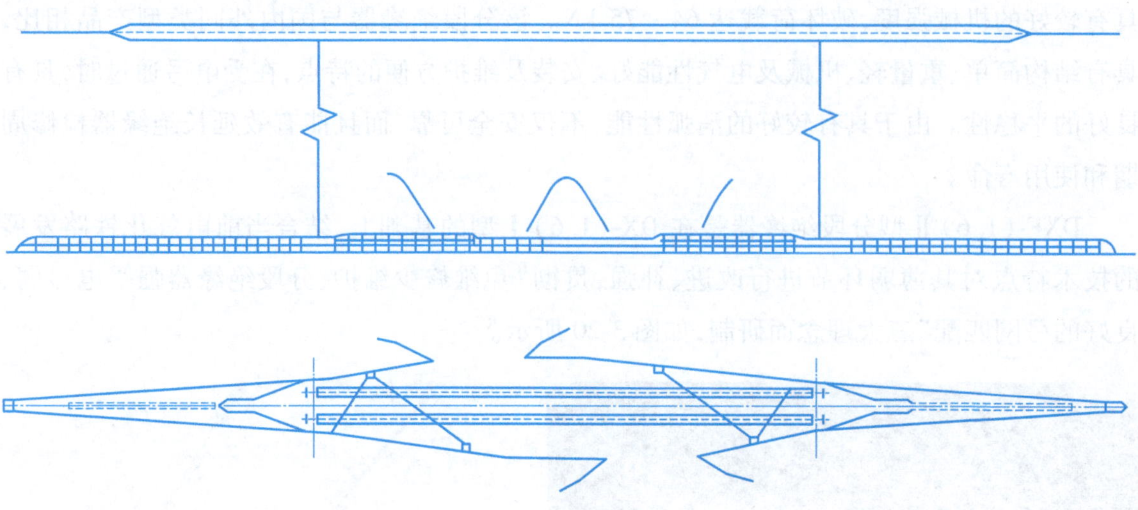

(a) 结构示意

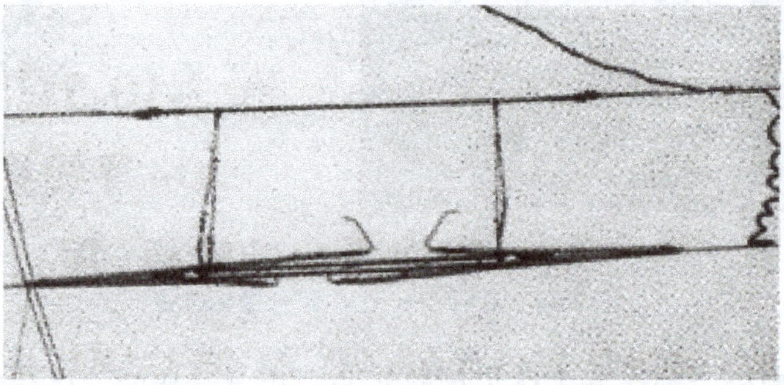

(b) 实物

图 3-21　XTK 消弧分段绝缘器

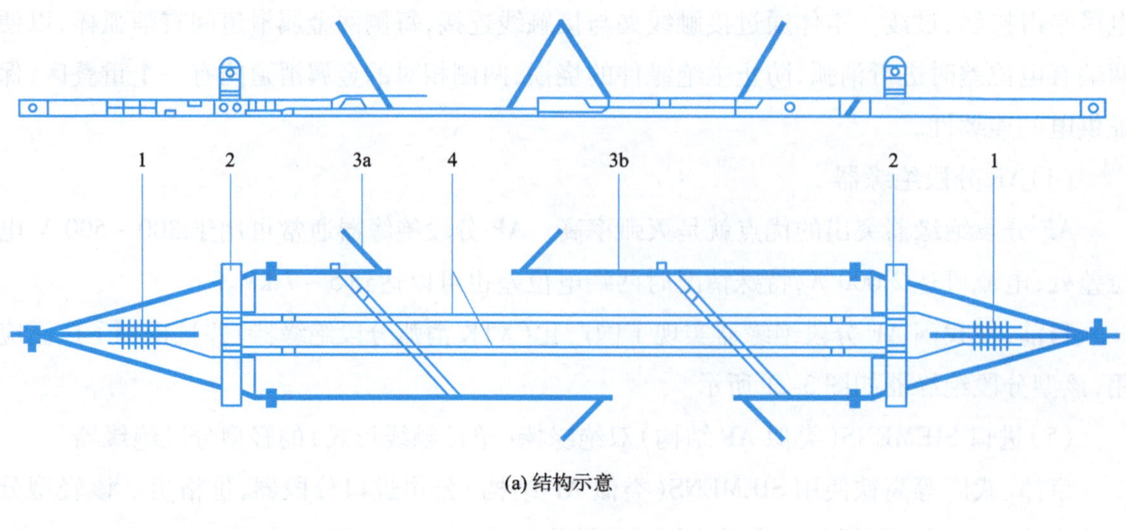

(a) 结构示意

图　3-22

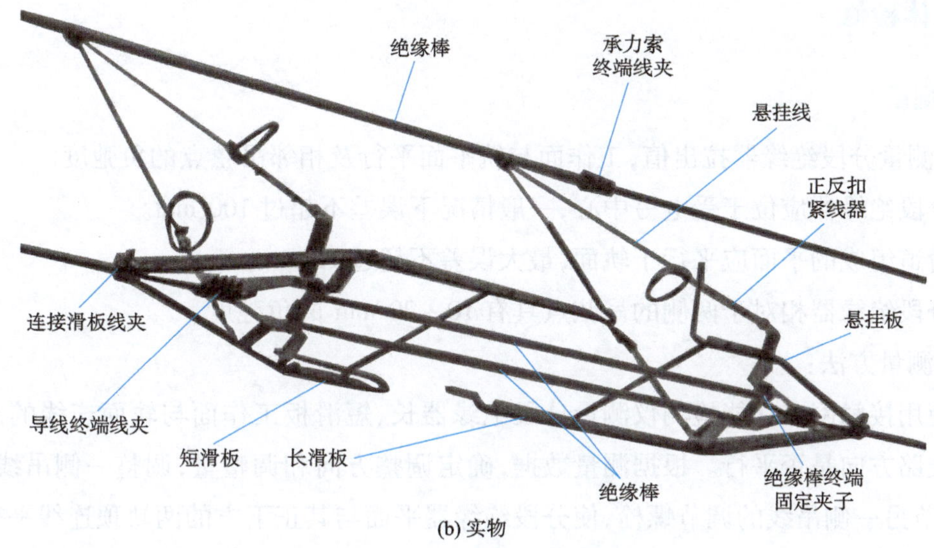

(b) 实物

图 3-22　轻型分段绝缘器示意

1—导线终端线夹；2—悬挂板；

3a—带消弧角的滑板(短)；3b—带消弧角的滑板(长)；4—绝缘棒

绝缘棒与接触线必须安装水平，以避免对分段绝缘器产生挠矩，从而使受电弓可以顺利通过。由于它的模块化设计和它采用的拼接方法，使零件更换简单快捷。

4.2　标准学习

《维修规则》第一百二十九条　分段绝缘器

(1)分段绝缘器通过速度不得超过 120 km/h。空气绝缘间隙不小于 300 mm。

(2)分段绝缘器主绝缘应完好，其表面放电痕迹应不超过有效绝缘长度的 20%。

(3)分段绝缘器应位于受电弓中心，一般情况下偏差不超过 100 mm。相对于两侧吊弦点有 5 ~ 15 mm 的负弛度。滑道底面应平行于轨面，最大偏差不超过 10 mm。

(4)分段绝缘器导线接头、导流滑道端头处过渡平滑。承力索分段绝缘子应采用重量较轻的有机复合绝缘子。

(5)分段绝缘器不应长时间处于对地耐压状态。雨、雪、雾、霾、冻雨等恶劣天气下，起电分段作用的隔离开关严禁处于分闸状态。隔离开关应在作业开始前 30 min 内断开，在作业间歇时间大于 30 min 时应闭合，继续作业时再断开，作业结束后应及时闭合。

(6)分段绝缘器安装位置符合规定，距离定位点不得小于 2 m。

4.3 具体检修

4.3.1 测量

(1)测量分段绝缘器拉出值,工作面与轨平面平行及相邻吊弦点的负弛度。

①分段绝缘器应位于受电弓中心,一般情况下误差不超过 100 mm。

②滑道组成的平面应平行于轨面,最大误差不超过 10 mm。

③分段绝缘器相对于两侧的吊弦点具有 10 ~ 20 mm 的负弛度。

(2)测量方法:

①使用接触网多功能检测仪测量分段绝缘器长、短滑板工作面与轨面连线的高度,检查垂直线路方向是否平行。根据测量数据,确定调整方向和调整量,调整一侧吊线调节螺栓,再调节另一侧吊线的调节螺栓,使分段绝缘器平面与其正下方的两轨顶连线平行。

②使用接触网多功能检测仪测量分段绝缘器两侧接头线夹处的拉出值,是否符合标准。

③使用接触网多功能检测仪测量分段绝缘器两侧接头线夹处接触线高度,与两侧吊弦测量数据(取平均值)比较,查看分段绝缘器顺线路方向是否平行和相对于两侧吊弦是否存在一定的负弛度。

(3)调整方法:

①AF 型分段绝缘器水平调整

a. 根据测量的数据确定需调整的可调吊弦。

b. 解除锁紧钢丝,松开紧线器两端螺母。

c. 微调紧线器的调整螺栓,使绝缘器工作面达到标准。

d. 拧紧紧线器两端螺母,重新安装锁紧钢丝。

②DXF-(1.6)Ⅱ型分段绝缘器水平调整

a. 从滑板端部向分段中心量取 50 mm,把水平尺放在此处,用扳手紧固调整螺栓,直到水平尺的导线与滑板在同一水平面内,随后紧固螺母。

b. 分段绝缘器本体应安装负弛度,一般对相邻定位点负弛度为 50 ~ 70 mm,对相邻吊弦点为 10 ~ 20 mm。

c. 用水平尺再次调平,使之与轨面平行,若水平尺指示倾斜,调整法兰螺钉。

d. 用水平尺第三次调平,沿导线与本体滑动,并通过本体,应保持同一水平度,不应有硬点,如连接处附近有硬点,应调整分段绝缘器的调整螺栓,进行微调,并用水平尺沿导线及本体全程滑动,确认水平后,再拧紧并沟线夹的螺栓。

e. 最后将所有的螺母再紧一遍,并检查花篮螺钉上的开口销掰开角度是否到位。

③SIEMENS 轻型分段绝缘器调整

a. 通过调整螺栓细调高度，并用水平尺测量滑轨横向连线与轨面连线平行度。调整后，作业车（梯车）移出，用激光测量仪检测高度，如不符合，应再调整。

b. 确认或调整滑轨与轨道平行。用铅笔在长孔调节板的左右标记出其位置，旋松长孔调节板的螺栓并左右移动调节板。左右移动 1 mm 相当于滑轨下缘高度变化 0.46 mm。调整好后拧紧螺栓。

c. 确认滑轨下缘，使其低于绝缘棒终端金具下缘 4 mm。

d. 滑板磨耗测量

用游标卡尺测量滑板拐角处的磨耗，当剩余高度小于 9.5 mm 时，须更换该滑板。

另外，注意检查磨耗严重处对应位置。

4.3.2 分段绝缘器本体检查

（1）检查并清扫绝缘部件。分段绝缘器的主绝缘应完好，其表面清洁，无破损、裂纹、老化现象，表面放电痕迹应不超过有效绝缘长度的 20%，主绝缘严重磨损应及时更换。

（2）SIEMENS 轻型分段绝缘器绝缘棒磨损大于 2.5 mm 时则必需转动绝缘棒 90°，可以转动 3 次。绝缘棒末端线夹力矩为 80 N · m。

（3）绝缘器接触线接头：检查绝缘器与接触线连接是否牢固、过渡是否平滑，各接头线夹有无裂纹和烧伤、腐蚀现象；若有则视情况处理。

（4）导流板的下部有无磨损、烧伤，轻微烧伤应用砂纸打磨平滑。

4.3.3 检查承力索分段绝缘子

检查分段绝缘子伞裙有无破损、撕裂、气泡、老化、脏污，接缝有无开胶等缺陷，并清扫绝缘子，检查终端线夹型号是否正确，开口销掰开 120°。

4.3.4 检查调节吊弦及其他部件

检查调节吊弦有无断股、受力不均现象，螺栓及开口销是否锈蚀、损坏，对锈蚀的部件进行更换。检查其他各部件有无裂纹、损伤、短缺，螺栓有无脱扣、锈蚀，各部位连接是否正确。使用模拟受电弓进行冷滑试验，保证过渡平滑，无碰弓、打弓现象。

任务 5 检修电分相

5.1 设备认知

在单相交流牵引供电系统中，电力机车是采用单相电供电的，为了平衡电力系统的 U、

V、W 各相负荷，一般要实行 U、V、W 相轮流供电。在接触网不同相或同相不同供电臂处设置的电分段统称为电分相。电分相一般设在牵引变电所、分区所、开闭所分界点及不同电力系统供电分界点处。电分相示意如图 3-23 所示。

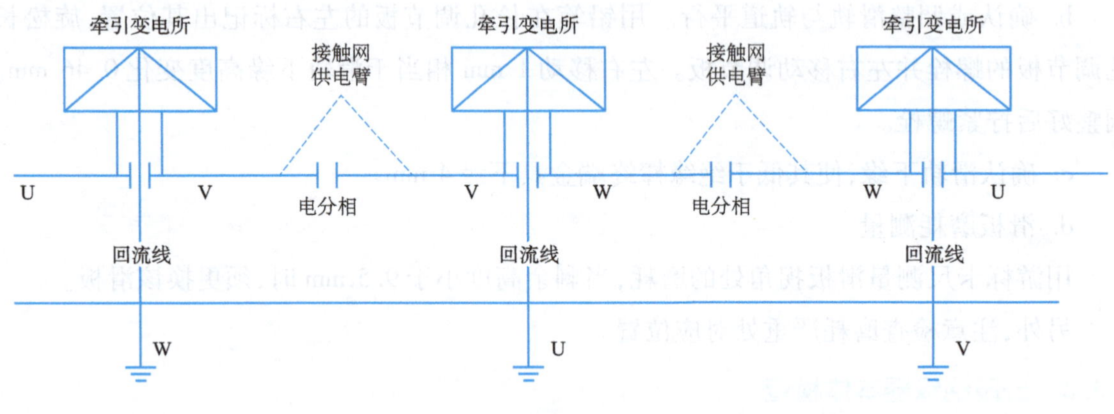

图 3-23　电分相示意

电分相装置包括分相绝缘装置和相应的线路标志。分相绝缘装置采用两种办法来实现电分相，一种是利用专门的电分相装置进行电分相，即器件（元件）式电分相，另一种是利用锚段关节进行电分相，即关节式电分相。

1. 器件式电分相

器件式电分相一般用于普速铁路。将分相绝缘器串入接触悬挂中，实现绝缘器两侧的电气分段。分相两侧通过绝缘元件机械相连，受电弓可以平顺地滑过分相装置。器件式电分相一般由 3 或 4 块相同的绝缘元件组成。绝缘元件上方的承力索通过对应的 3 串（或 4 串）悬式绝缘子（每串为 4 片）断开。器件式电分相安设示意如图 3-24 所示。

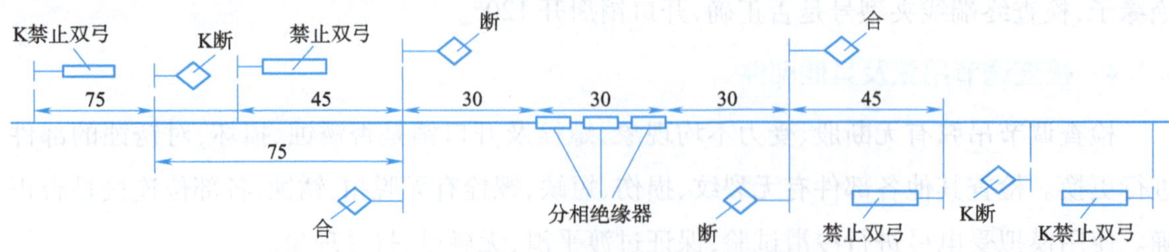

图 3-24　器件式电分相安设示意（单位：mm）

两端部绝缘元件之间的不带电区段称为中性区段，电力机车通过中性区段时为断电惰行通过；电分相绝缘器两端的接触网为不同相供电，它应保证列车安全通过而不发生短接事故。

分相绝缘器的设置应注意避开线路的大坡道，以利于电力机车惰行，同时还要考虑信号显示、调车作业、供电线径路及维修管理等方面条件。

器件式电分相在应用中存在的问题：

(1)存在明显的硬点；

(2)绝缘器绝缘部件表面易出现烧伤(甚至烧断)；

(3)停电检修困难等。

2. 关节式电分相

高铁多采用锚段关节式电分相，一般由两个绝缘锚段关节和一个分相(中性)锚段组成。绝缘锚段关节可以采用四跨结构或五跨结构(四跨结构简单，但五跨结构接触线坡度较小)，两绝缘锚段关节重叠区域有一跨和二跨两种情况(重叠区域的多少会影响到电分相中性区的长短)，因此形成了不同类型的锚段关节式电分相。

我国时速 200 km 以上接触网的电分相均采用七跨或九跨带中性段的绝缘铀段关节形式，电力机车过分相宜采用地面感应装置、机车车载设备自动切换过分相方式。

七跨和九跨的技术要求同四跨和五跨绝缘描段关节，其中性段的长度应根据机车编组情况，即动力集中或动力分散、升弓数量、两相邻受电弓间的距离、受电弓之间的连接情况，以及最高运行速度等因素确定。当列车采用多弓运行时，若多弓用高压母线连接，应保证两最远端受电弓之间的距离小于电分相无电区的长度 D_1；若多弓不用高压母线连接，应保证任意两受电弓之间的距离小于无电区长度 D_1 或大于中性段的长度 D_2，D_1、D_2、L 之间的关系如图 3-25 所示。

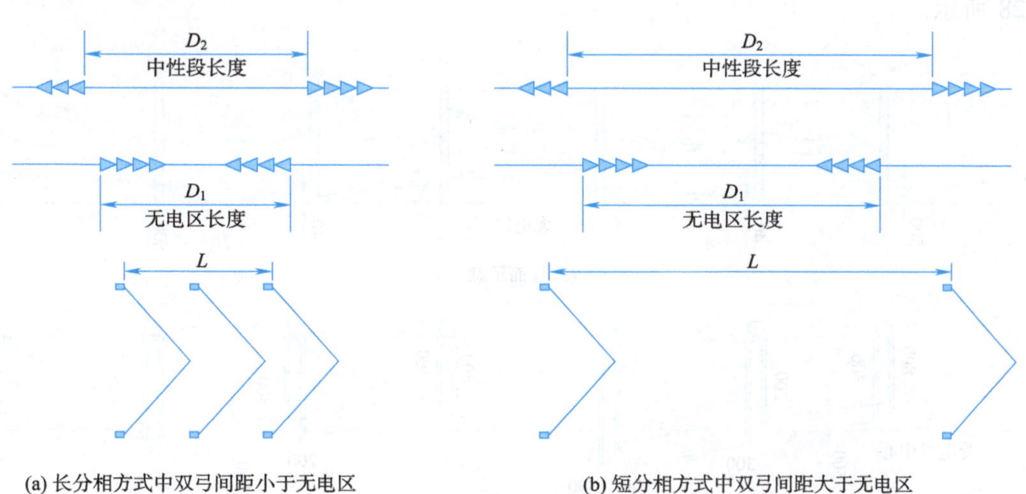

(a) 长分相方式中双弓间距小于无电区　　(b) 短分相方式中双弓间距大于无电区

图 3-25　无电区示意

(1)六跨关节式电分相

六跨关节式电分相可以看作由 2 组四跨绝缘锚段关节重合 2 跨组成，如图 3-26 所示。其承力索之间、接触线之间在垂直方向和水平方向都彼此相距 500 mm,以保证其电气方面的绝缘。在中心柱处,两接触线等高实现过渡,并保证受电弓由一个供电臂过渡到中性区。

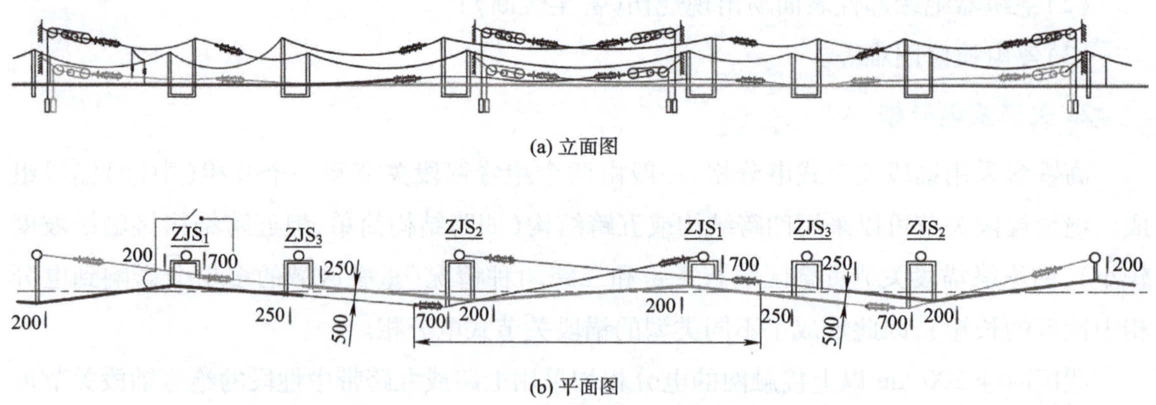

图 3-26　六跨关节式电分相安设示意(单位:mm)

(2)七跨关节式电分相

七跨关节式电分相,它是由 2 组四跨绝缘锚段关节重合 1 跨组成,如图 3-27 所示。其承力索之间、接触线之间在垂直方向和水平方向都彼此相距 500 mm,以保证其电气方面的绝缘。电力机车在中性区内利用中性锚段来做工作支,使受电弓平稳的由一端供电臂(锚段)过渡到另一端供电臂(锚段)。经过改造,另有一种七跨(三断口)形式的电分相,如图 3-28 所示。

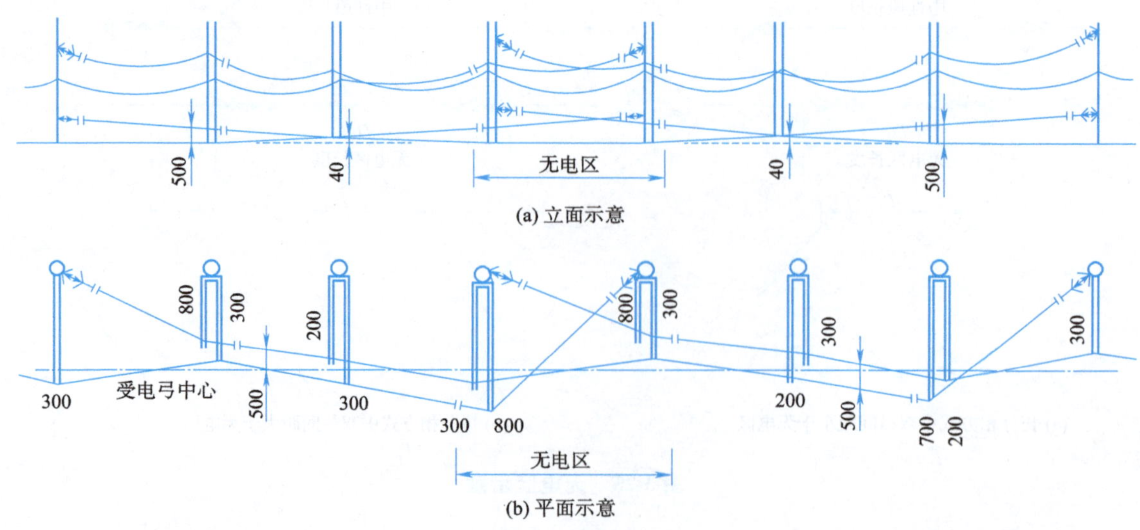

图 3-27　七跨关节式电分相示意(单位:mm)

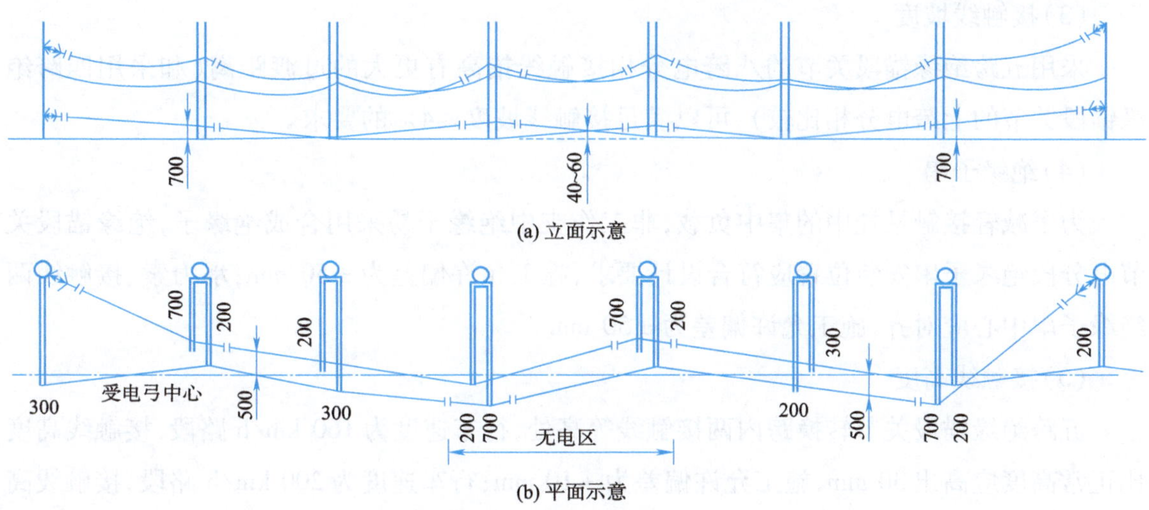

图 3-28　七跨(三断口)关节式电分相示意

(3)八跨和九跨关节式电分相

在高速铁路上,有时需要更长的中性锚段,可设八跨或九跨关节式电分相,如图 3-29 所示。八跨(九跨)是由 2 组五跨绝缘锚段关节重合 2 跨(1 跨)组成。

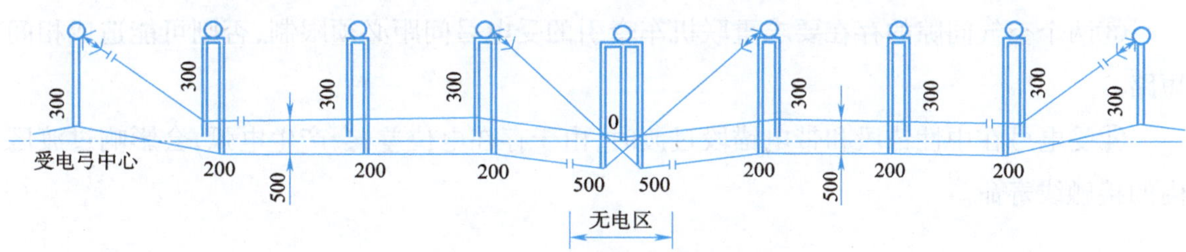

图 3-29　八跨关节式电分相平面示意

3. 关节式电分相的结构特点

以八跨锚段关节电分相为例,说明锚段关节式电分相的结构特点。

(1)绝缘距离

在电分相的锚段关节内,2 支接触悬挂的水平间距均为 500 mm,2 支接触悬挂间空气绝缘间隙应≥450 mm,各个定位点抬高允许误差 ±20 mm。

(2)中性区

如图 3-29 所示,中性区长度为 35 m,机车惰行通过中性区,其长度应大于单台机车升双弓取流时的受电弓间距(一般不大于 26 m)。为了满足重联机车通过的要求,35 m 中性区长度不足时,可以采用九跨式电分相(两个绝缘锚段关节间只重叠 1 跨),中性段(包括中性区加两个过渡区)的长度应符合设计要求。

(3)接触线坡度

采用五跨绝缘锚段关节的八跨电分相接触线抬高有更大的过渡距离(和采用四跨绝缘锚段关节的七跨电分相比较),可以满足接触线坡度≤4‰的要求。

(4)绝缘子串

为了减轻接触悬挂中的集中负载,非工作支中绝缘子易采用合成绝缘子,绝缘锚段关节电分段绝缘子串安装位置应符合设计要求,施工允许偏差为±50 mm;承力索、接触线两绝缘子串中心应对齐,施工允许偏差为±50 mm。

(5)接触线高度

五跨绝缘锚段关节转换跨内两接触线等高处,行车速度为160 km/h路段,接触线高度比正常高度应高出30 mm,施工允许偏差为±10 mm;行车速度为200 km/h路段,接触线高度比正常高度应高出40 mm,施工允许偏差为±10 mm。

(6)锚段关节式电分相在使用中存在的缺点

①结构复杂,检修工作量大,一旦发生事故,抢修难度大。

②中性区长,对列车运行速度影响大,在坡道设置时,对牵引吨数和线路坡度会有严格的限制,分相区越长,对地形的适应性越差。

③两个空气间隙的存在要求重联机车牵引的受电弓间距必须限制,否则可能造成相间短路。

④受电弓在中性锚段和带电锚段过渡时,由于存在电位差,会产生电弧,会影响过渡区内的接触线寿命。

5.2 标准学习

《维修规则》第一百三十条　分相绝缘器

(1)分相绝缘器通过速度不得超过120 km/h。

(2)分相绝缘器主绝缘应完好,其表面放电痕迹应不超过有效绝缘长度的20%。主绝缘严重磨损应及时更换。

(3)分相绝缘器应位于受电弓中心,一般情况下偏差不超过100 mm。双线区段,在列车运行方向为1‰的上升坡度;单线区段,为50 mm±10 mm的负弛度。

(4)分相绝缘器导线接头处过渡平滑。承力索分段绝缘子应采用重量较轻的有机复合绝缘子。

(5)中性区长度符合《铁路技术管理规程(高速铁路部分)》规定。

关节式电分相技术要求与绝缘锚段关节技术要求一致,见《维修规则》第一百零三条。

5.3　具体检修

检修六跨两断口关节式分相：

六跨分相平立面示意如图3-30所示（中性区190 m，无电区22 m）。

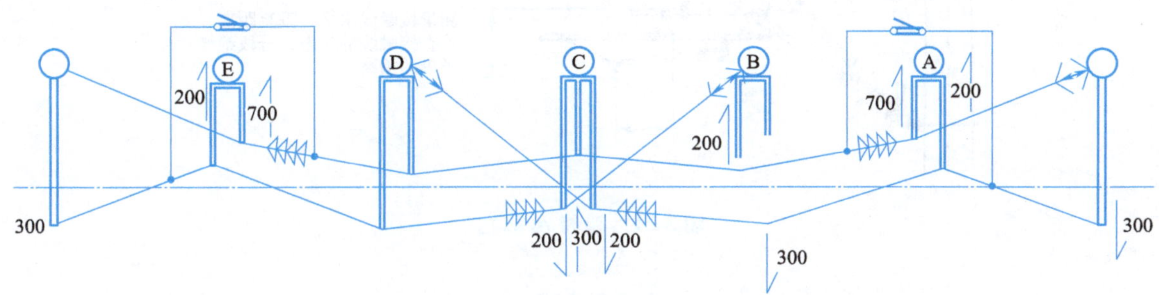

图3-30　六跨分相平立面示意（单位：mm）

（1）检查接触悬挂。

参照接触悬挂检修作业标准进行作业。当动车组没有正常进行断合操作时，受电弓极可能拉弧烧伤接触网设备。因此，应重点在分相“断”“合”标前后跨距范围内近距离目视检查承力索、吊弦和接触线、电连接等有无烧伤痕迹，吊弦、承力索有无散股等异常情况。对存在问题的线索进行补强、更换处理。

（2）检查和测量转换柱和中心柱处两接触线、承力索的水平距离和垂直距离及各零部件间空气绝缘距离是否符合规定。

①A/E柱（转换柱）。

利用水平尺、卷尺测量A/E柱处两支不同悬挂、定位间任何部件的空气绝缘距离不得小于450 mm。

检查非工作支定位往B/D柱方向500 mm处设置整体吊弦1根，确保分段绝缘子串裙边较工作支接触线抬高>300 mm。同时注意检查接触线终端锚固线夹、承力索终端锚固线夹，如图3-31所示。

②B/D柱。

利用水平尺、卷尺测量B/D柱处两支不同悬挂、定位间任何部件的空气绝缘距离不得小于450 mm。测量转换点处两工作支是否等高（过渡锚段B/D柱中接触线作为工作支，非支比工作支抬高40 mm），如图3-32所示。

③C柱。

利用水平尺、卷尺测量C柱处三支不同悬挂、定位间任何部件的空气绝缘距离，检查两端分段绝缘子串抬高，如图3-33所示。

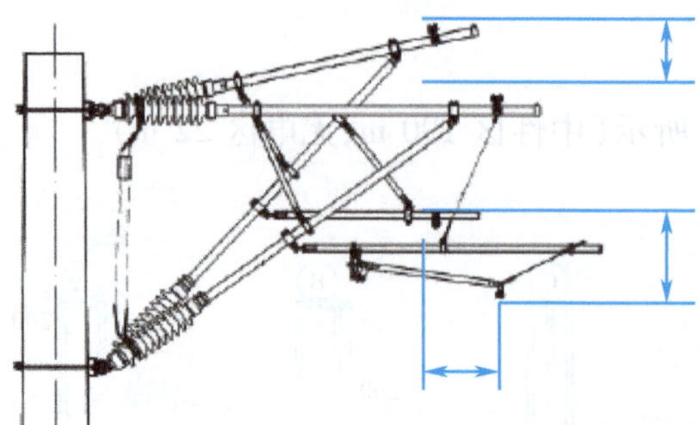

图 3-31　检修 A/E 柱

图 3-32　检修 B/D 柱

图 3-33　检修 C 柱

任务 6 检修中心锚结

6.1 设备认知

由于气温、风雪、线路坡道、受电弓等的作用,接触悬挂存在来回窜动的可能;当承力索或接触线断线时,由于补偿装置的作用将使整锚段悬挂受到影响,甚至塌网。

为防止发生以上事故,在锚段中部,将接触线对承力索锚固、承力索对锚柱进行锚固,这种结构称为中心锚结。

6.1.1 中心锚结的作用

(1)锚段线索张力比较均匀,保证接触悬挂处于良好工作状态。

(2)设立中心锚结后可以缩小事故范围,即当一侧发生断线事故时不至影响中心锚结另一侧悬挂线路,有利于抢修事故和缩短事故抢修时间。

(3)可以防止线索在外力作用下向一侧窜动,如风力、受电弓摩擦力、因坡道和自身重力引起的窜动。

6.1.2 中心锚结设置的位置

中心锚结的具体位置取决于线路条件,应尽量使中心锚结两侧半锚段产生的张力差相等,当锚段全部位于直线区段或圆曲线区段时,中心锚结应设置在锚段中部;当锚段跨越直缓点、缓圆点、缓和曲线,中心锚结应设置在曲线半径较小的一侧。

6.1.3 中心锚结的类型

中心锚结可分为半补偿链型悬挂中心锚结、全补偿链型悬挂中心锚结、接触网防窜中心锚结。

1. 半补偿链型悬挂中心锚结

半补偿链型悬挂中心锚结,设置有接触线中心锚结,没有承力索中心锚结,这种中心锚结的辅助绳采用 GJ-50 镀锌钢绞(19 股)制成,辅助绳中间用中心锚结线夹与接触线固定,辅助绳两端分别用正反两个钢线卡子紧固在承力索上。当一侧接触线断线后,另一侧接触线在中心锚结辅助绳的拉力下,不发生松动现象,起到了缩小事故范围的作用。

中心锚结的长度为所在跨距中心处接触线与承力索间距的 20 倍,但不应小于 15 m。若太短,当两侧张力不均匀时,接触线会向张力较大的一侧偏移,导致中心锚结线夹处接触线被抬高,出现较大的负弛度,使受电弓取流情况变坏,造成该处接触线磨耗严重。半补偿链型悬挂中心锚结结构形式如图 3-34 所示。

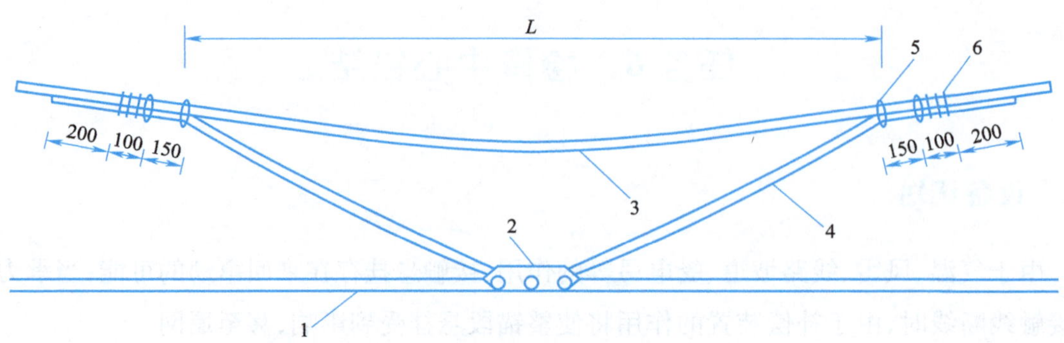

图 3-34　半补偿链型悬挂中心锚结结构图（单位：mm）

1—接触线；2—中心锚结线夹；3—承力索；4—辅助绳；

5—钢线卡子；6—绑扎线段

2. 全补偿链型悬挂中心锚结

对于全补偿链型悬挂，由于承力索也装设有补偿装置，除了接触线设中心锚结与半补偿相同外，承力索也必须设中心锚结。所以，全补偿链型悬挂中心锚结接触线的辅助绳固定在承力索上，而承力索上的辅助绳又专门锚结在支柱上，从而使承力索在锚段中间也成固定状态。

全补偿中心锚结可分为三跨式中心锚结和两跨式中心锚结。

（1）三跨式中心锚结

三跨式中心锚结布置在三个接触网跨距中，中心锚结在中间跨距，相邻两悬挂点和跨中用钢线卡子将辅助绳与承力索固定在一起。辅助绳两端各通过一串悬式绝缘子硬锚在最外侧支柱上，两支柱均为锚柱，应打拉线。三跨式中心锚结结构如图 3-35 所示。

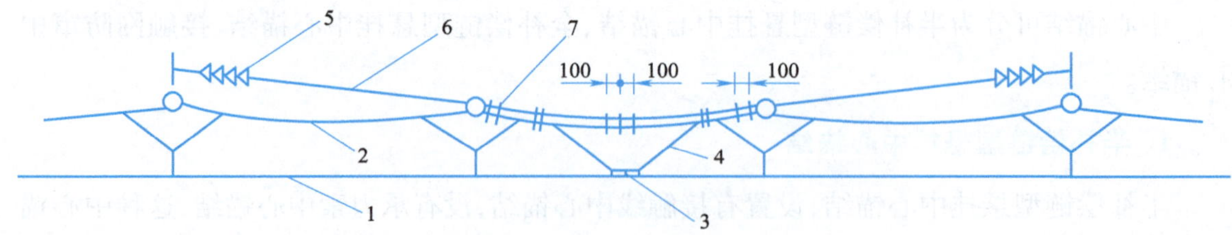

图 3-35　全补偿链型接触悬挂中心锚结结构（单位：mm）

1—接触线；2—承力索；3—中心锚结线夹；4—辅助绳；

5—绝缘子串；6—承力索辅助绳；7—钢线卡子

（2）二跨式中心锚结

其固定形式同三跨式中心锚结一样，由接触线中心锚结和承力索中心锚结两部分组成。接触线的中心锚结辅助绳采用不锈钢软绞线（截面积不小于 50 mm^2），在定位点两端用专用的中心锚结线夹与接触线固定(中心锚结绳与中心锚结线夹压接连接)。而承力索的中心锚结材质和型号选用与所在的承力索相同,通过在接触线中心锚结所在的跨距内增加一根承力索,在该定位点的腕臂上固定后,使该跨距的承力索不产生位移,因此承力索中心锚结由两个跨距组成。承力索辅助绳锚固在定位点两端支柱上,安装时辅助绳应抬高锚固,一般不低于承力索高度,如图 3-36 所示。

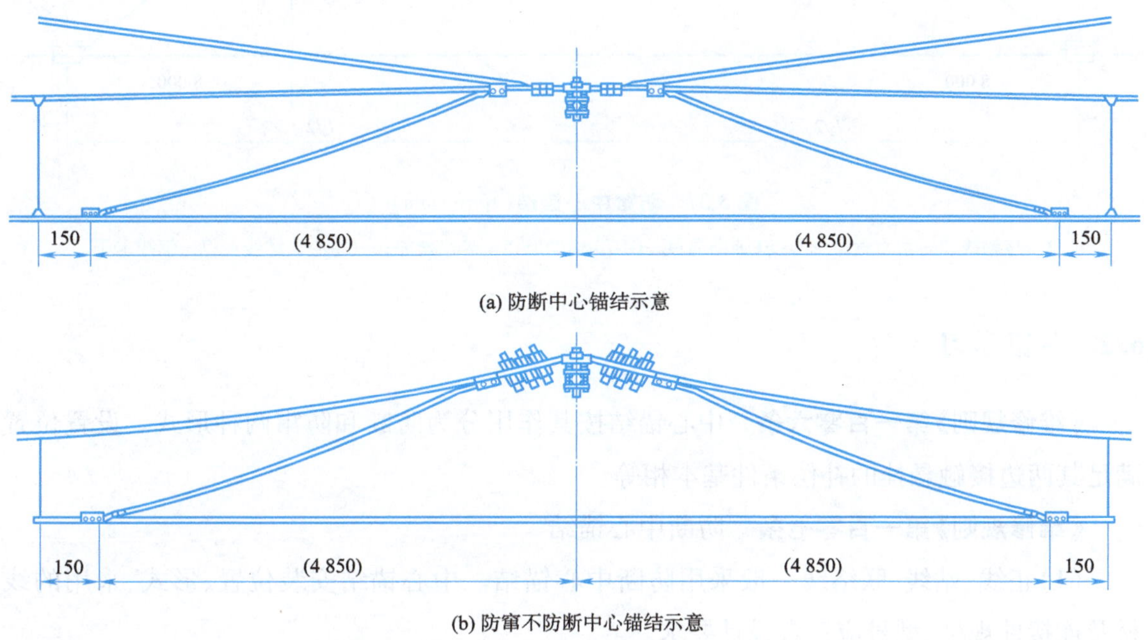

(a) 防断中心锚结示意

(b) 防窜不防断中心锚结示意

图 3-36　二跨式中心锚结(单位:mm)

3. 接触网防窜中心锚结

站场上发生承力索断线事故的情况较少,比较容易出现接触悬挂“窜动”。

接触悬挂“窜动”的原因主要有:

(1)接触悬挂架设于线路坡道上,在具有坡度的情况下,由于悬挂本身的重量,便有沿下坡方向的分力作用于悬挂,成为诱发窜动力。

(2)在曲线内侧旋转腕臂的回转均偏向一方,使悬挂向同一方向移动,形成诱发窜动力。

(3)风压等外力的作用产生的悬挂整体的移动诱发窜动。

(4)受电弓对接触线的接触滑动摩擦,使悬挂向同一方向移动诱发窜动。上述四个方面的原因,有时可能会重叠出现,所以接触悬挂显示复杂的“窜动”。

因此站场一般设置防止接触悬挂窜动而不考虑断线的“防窜”中心锚结。其优点是结构简单,安装方便。缺点是不防断线。“防窜”中心锚结就是在站场内的正线及站线锚段的中间位置设置，软横跨上节点 14 就是防窜中心锚结，结构如图 3-37 所示。

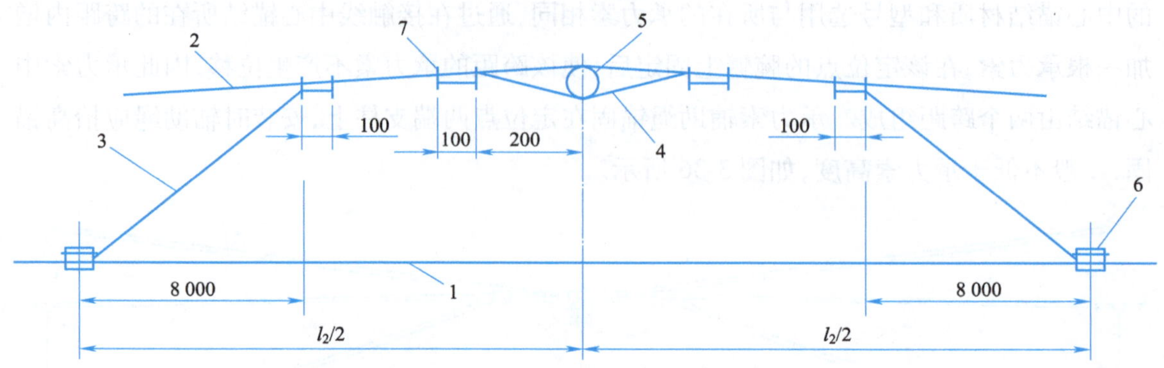

图 3-37　防窜中心锚结（单位：mm）

1—接触线；2—承力索；3—GJ-50 辅助绳；4—GJ-70 辅助绳；5—悬吊滑轮；6—中心锚结线夹；7—钢线卡子

6.2　标准学习

《维修规则》第一百零六条　中心锚结按其作用分为防断和防窜两种形式。设置位置满足其两边接触悬挂的补偿条件基本相等。

《维修规则》第一百零七条　防断中心锚结

(1)正线、站线、联络线一般采用防断中心锚结。中心锚结安装位置、形式、采用的线材及连接件规格、型号应符合设计要求。

(2)承力索中心锚结绳

①中心锚结绳范围内承力索不得有接头和补强。

②中心锚结绳、固定线夹应与承力索材质匹配，其设置位置符合设计要求。承力索中心锚结线夹辅助绳外露长度不小于 50 mm。

③中心锚结绳弛度应等于或略高于该处承力索弛度，承力索中心锚结绳在其垂直投影与线路钢轨交叉处，应高于接触线 300 mm 以上。

④中心锚结绳的张力符合设计要求。

(3)接触线中心锚结绳

①中心锚结所在的跨距内接触线不得有接头和补强。

②中心锚结绳范围内不得安装吊弦和电连接。两端距相邻的吊弦或电连接距离不得小于 500 mm。

③中心锚结线夹两边锚结绳的长度和张力力求相等。中心锚结绳处于受力状态，不得触及弹性吊索，不得改变相邻吊弦受力和接触线高度。

④中心锚结绳两端与承力索固定线夹的设置和间距符合设计要求。接触线侧锚结绳

压接后回头外露长度不小于 20 mm。

(4)中心锚结线夹

①接触线中心锚结线夹应安装牢固。在直线上保持铅垂状态,在曲线上与接触线的倾斜度一致。

②中心锚结线夹处接触线高度与相邻吊弦接触线高度应相等,允许偏差 0 ~ 10 mm。

《维修规则》第一百零八条　防窜式中心锚结

(1)防窜绳两端固定线夹的设置位置符合设计要求。

(2)接触线中心锚结绳与防断式相同。

6.3　具体检修

1. 巡视的主要内容

(1)中心锚结绳是否过松或过紧。

(2)两边吊弦是否松弛。

(3)中锚线夹是否松脱。

(4)辅助绳有无损伤、变形。

2. 检修

(1)全面检查周期:36 个月。

(2)检修内容:

①检查接触线、承力索中心锚结线夹状态。

②销钉有无滑移、损伤、变形、裂纹、烧伤或其他不良状态,开口销是否缺失、安装是否正确。

③接触线中心锚结线夹与接触线沟槽是否密贴入槽。

④辅助绳有无损伤、变形、断股、烧伤或其他不良状态;辅助绳与鸡心环接触是否密贴;压接是否按要求二道压接;注意线夹处是否涂有导电膏。

⑤中心锚结绳是否过松或过紧。

任务 7　检修补偿装置

7.1　设备认知

接触网补偿装置,又称张力自动补偿器,它安装在锚段的两端,并且串接在接触线、承力索内。其作用是补偿线索内的张力变化,使张力保持恒定。因为在大气温度发生变化时,接触线或承力索会发生伸长或缩短,从而使线索内张力发生变化,这时就会影响到接触线或承力索的弛度也发生变化,因而使受流条件恶化。为改变这种情况,一般在一个锚段两端,在接触线及承力索内串接张力自动补偿装置后,再进行下锚。

对张力自动补偿装置的要求有二:其一,补偿装置应灵活,在线索内的张力发生缓慢变化时,应能及时补偿、传送效率不应小于97%;其二,具有快速制动作用,一旦发生断线事故或其他异常情况,线索内的张力迅速发生变化时,补偿装置还应有一种制动功能。一般对于全补偿的承力索内的补偿装置,如不具备这种功能时,还需专门增加断线制动装置. 以防止一旦发生断线时,坠陀串落地而造成事故扩大、恢复困难。

在高速接触网中采用最多的是棘轮张力补偿装置。棘轮补偿装置主要由棘轮、棘轮底座、棘轮连接架、补偿绳、平衡轮及双耳楔形线夹等组成,如图 3-38 所示。

棘轮装置的棘轮与其他工作轮共为一体,没有连接复杂的滑轮组,安装空间比铝合金滑轮补偿装置小很多,可以解决空间受限时的补偿问题。棘轮本体大轮直径 566 mm,小轮直径 170 mm,传动比为 1 ∶ 3,补偿绳为柔性不锈钢丝绳,工作荷重有 30 kN、36 kN 两种。

在工作状态下,棘齿与制动块之间有一定间隙,棘轮可自由转动;当接触网线索断线后,棘轮和坠砣在重力作用下下落,棘轮卡在制动卡块上,从而能有效防止坠砣下落、缩小事故范围。

7.2 标准学习

《维修规则》第一百一十四条　滑轮、棘轮补偿装置

1. *a* 值、*b* 值

标准值:设计值。

标准状态:标准值 ± 100 mm。

警示值:标准值 ± 200 mm。

限界值:200 mm。

2. 坠砣

(1)坠砣宜采用铁质或高密度复合坠砣。

(2)坠砣块应完整,自上而下编号且叠码整齐,其缺口相互错开 180°。坠砣串的重量(包括坠砣杆的重量)符合规定,整串重量偏差小于 1%。

(3)限制器的安装位置应满足坠砣升降变化要求。山谷口、高路堤(一般指高出自然地面 5m)、高架桥等“风口”地段,宜采用防风型坠砣限制架。

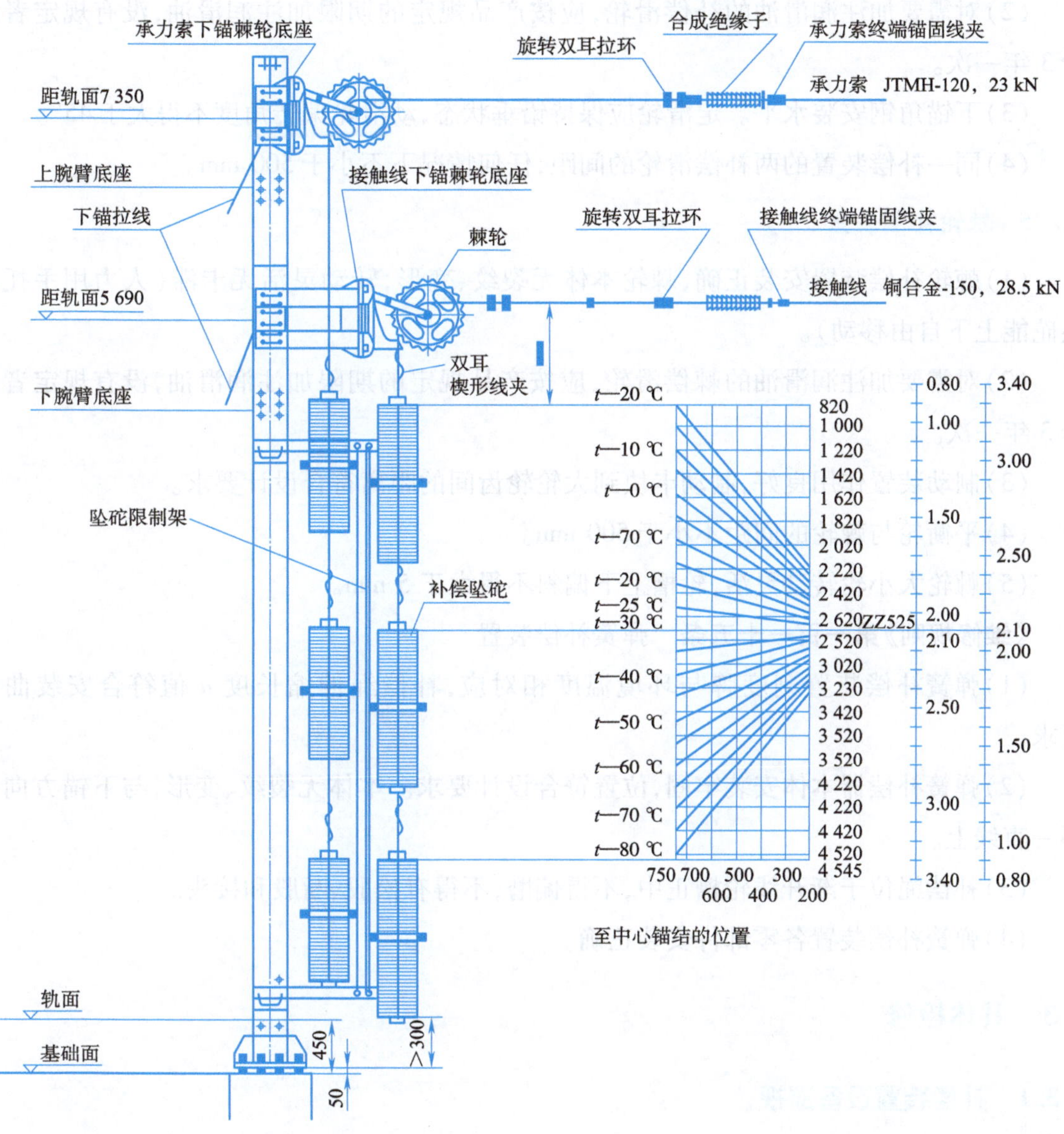

图 3-38　棘轮张力补偿装置(单位:mm)

3. 补偿绳

(1)补偿绳不得有散股、断股、接头现象,且不得扭绞、与其他部件、线索相摩擦。

(2)棘轮装置大、小轮缠绕补偿绳符合要求。

(3)承力索、接触线两下锚绝缘子串应对齐,允许偏差为±100 mm。

4. 滑轮补偿装置

(1)滑轮补偿装置安装正确,本体无裂纹、变形,转动灵活无卡滞(人力用手托动坠砣能上下自由移动)。

(2)对需要加注润滑油的补偿滑轮,应按产品规定的期限加注润滑油,没有规定者至少3年一次。

(3)下锚角钢安装水平。定滑轮应保持铅垂状态,动滑轮偏转角度不得大于45°。

(4)同一补偿装置的两补偿滑轮的间距,任何情况下不小于500 mm。

5. 棘轮补偿装置

(1)棘轮补偿装置安装正确,棘轮本体无裂纹、变形,转动灵活无卡滞(人力用手托动坠砣能上下自由移动)。

(2)对需要加注润滑油的棘偿滑轮,应按产品规定的期限加注润滑油,没有规定者至少3年一次。

(3)制动装置作用良好,制动卡块到大轮轮齿间的距离符合设计要求。

(4)平衡轮与棘轮的间距不小于500 mm。

(5)棘轮大小轮转动灵活,轮槽上下偏斜不得大于5 mm。

《维修规则》第一百一十五条 弹簧补偿装置

(1)弹簧补偿装置刻度牌与环境温度相对应,补偿绳伸缩长度 a 值符合安装曲线要求。

(2)弹簧补偿器本体安装牢固,位置符合设计要求。本体无裂纹、变形,与下锚方向在同一直线上。

(3)补偿绳位于渐开线轮槽正中,不得偏磨,不得有松股、断股和接头。

(4)弹簧补偿装置各零部件安装正确。

7.3 具体检修

7.3.1 补偿装置设备巡视

1. 滑轮组补偿装置

(1)观测补偿绳 a 值,距离不得小于200 mm,观察补偿绳是否有断股、散股、接头等情况,不得与其他部件相磨。

(2)检查坠石它是否完好、齐全、码放整齐。

(3)测量坠砣 b 值,距离不得小于200 mm。

(4)观测滑轮工作间距,任何情况下不得小于500 mm。

(5)观察补偿滑轮是否有偏磨、卡滞等不正常的现象。

(6)观察补偿限制架下部各螺栓是否紧固。

2. 棘轮补偿装置

(1)观测补偿绳 a 值,距离不得小于 200 mm,观察补偿绳是否有断股、散股、接头等情况,不得与其他部件相磨。

(2)检查坠砣是否齐全,码放整齐。

(3)测量坠砣 b 值,距离不得小于 200 mm。

(4)向下拉压坠砣串,观察补偿棘轮是否转动灵活。

(5)隧道外观察坠砣杆上是否有明显的摩擦凹痕,隧道内观察坠砣限制框架内是否有明显的摩擦凹痕。

(6)观察补偿限制架下部各螺栓是否紧固。

(7)检查补偿坠砣杆(隧道外)、补偿限制框架(隧道内)上的滑动标记,看坠砣串底部与标记的位置是否有移动,温度不同时,必须要有移动,否则应重点记录并严格检查补偿装置是否卡死。测量温差情况下的坠砣移动行程,是否与安装曲线一致。

(8)检查下锚拉线,不得有松弛,下部螺栓连接良好。

7.3.2 补偿装置检修

1. 滑轮补偿装置

(1)检测周期:36 个月。

(2)检修内容:

①测量补偿装置的 a、b 值。

②检查活动肩架。

③检查坠砣。

④测量滑轮工作间距。

⑤检查滑轮组的状态。

⑥滑轮注油槽。

⑦对补偿滑轮组进行外观检查。

⑧紧固各部螺栓涂油。

⑨山谷口、高路堤(一般指高出自然地面 5 m)、高架桥等“风口”地段,宜采用防风型坠砣限制架。

(3)滑轮补偿装置维护技术标准:

①补偿滑轮完整无损、转动灵活(人力用手托动坠砣能上下自由移动),没有卡滞现象。对需要加注润滑油的补偿滑轮,应按产品规定的期限加注润滑油,没有规定者至少 3 年一次。

②定滑轮应保持铅垂状态，动滑轮偏转角度不大于45°。

③同一滑轮组的两补偿滑轮的工作间距，任何情况下不小于500 mm。

④补偿绳不得有松股、断股和接头，不得与其他部件、线索相摩擦。

⑤滑轮、棘轮补偿装置 a、b 值：

标准值：设计值；

标准状态：标准值±100 mm；

警示值：标准值±200 mm；

限界值：200 mm。

⑥各框架安装正确，满足坠砣升降变化要求，限制坠砣的摆动，不妨碍升降。且受力良好，螺栓紧固有油，铁件无锈蚀。

⑦承力索、接触线两下锚绝缘子串应对齐，允许偏差为±100 mm。

⑧坠砣块应完整，叠码整齐，其缺口相互错开180% 坠砣串的重量（包括坠砣杆的重量）符合规定，允许误差高铁不超过1%，普铁不超过2%。坠砣块自上而下按块编号，并标明重量。

2. 棘轮补偿装置

（1）检测周期：36个月。

（2）检修内容：

①测量补偿装置的 a、b 值。

②检查补偿绳状态。

③检查坠砣。

④检查棘轮齿与制动块的间隙。

⑤检查棘轮的状态。

⑥检查平衡轮状态。

⑦检查下锚拉线状态。

⑧各部螺栓紧固力矩大小及状态。

（3）棘轮补偿装置维护技术标准：

①滑轮、棘轮补偿装置值：

标准值：设计值；

标准状态：标准值±100 mm；

警不值：标准值±200 mm；

限界值：200 mm。

②棘轮大小轮转动灵活、轮槽上下偏斜不得大于5 mm。

③棘轮完整无损、转动灵活，没有卡滞现象。对需要加注润滑油的补偿棘轮，应按产品规定的期限加注润滑油，没有规定者至少 3 年一次。

④承力索、接触线两下锚绝缘子串应对齐，允许偏差为 ± 100 mm。

⑤坠砣应完整，坠砣块叠码整齐缺口相互错开 180% 坠砣串的重量（包括坠砣杆的重量）符合规定，允许误差普铁不超过 2%，高铁不超过 1% 。坠砣块自上而下按块编号，并标明重量。

⑥补偿绳不得有散股、断股和接头，不得与其他部件、线索相摩擦。

⑦制动卡块到棘轮的距离符合产品说明书要求。限制器的安装位置应满足坠砣升降变化要求，限制坠砣的摆动，不妨碍升降。

⑧采用不防断式中心锚结或下锚位于桥梁时，宜选用棘轮补偿装置。

⑨平衡轮与棘轮间距不小于 500 mm。

3. 弹簧补偿装置

（1）检测周期：36 个月。

（2）检修内容：

①测量补偿装置的 a 值。

②检查弹簧补偿装置刻度位置状态。

③检查弹簧补偿器（本体）安装位置及状态。

④检查补偿绳状态。

⑤检查下锚拉线状态。

⑥各部螺栓紧固力矩大小及状态。

（3）弹簧补偿装置维护技术标准：

①弹簧补偿装置刻度牌与环境温度相对应，补偿绳伸缩长度符合设计要求。

②弹簧补偿器本体安装位置符合设计要求，安装牢固，本体无裂纹、变形与下锚方向在同一直线上。

③补偿绳不得有散股、断股和接头，位于渐开线轮槽正中，不得偏磨。

④弹簧补偿装置各零部件安装正确。

任务8 检修线岔

8.1 设备认知

8.1.1 线岔的作用

列车在运行中，当运行到两条铁路交叉处由一股道过渡过另一股道上运行时，要经过道岔设施达到转换。在电气化铁路区段的站场内两个股道交叉处，为了使电力机车受电弓由一股道顺利地过渡到另一股道，在两条铁路交叉的上空相应的由两支汇交的接触线，在两支汇交接触线的相交处用限制管连接并固定的装置称为线岔，又称架空转辙器或空中转换器。线岔可根据安装要求，可分为普通线岔、高速线岔两种。线岔的作用是在转辙的地方，当一组接触悬挂的接触线被受电弓抬高时，另一组悬挂的接触线也能同时被抬高，从而使它与另一接触线产生高差 Δh。高差随着受电弓靠近始触点而缩小，到达始触点时，高差基本消除而使受电弓顺利交接，以使接触线不致发生刮弓现象。使电力机车受电弓由一条股道上空的接触线平滑、安全地过渡到另一条股道上空的接触线上，从而使电力机车完成线路转换运行的目的。

8.1.2 线岔的组成

普通线岔由一根限制管、两个定位线夹和固定限制管的螺栓组成，其结构是用一根限制管将相交的两支接触线上、下相互贴近，限制管的两端用定位线夹和螺栓固定在下面那根接触线上。若是非正线相交，一般是交叉点距中心锚结或硬锚近者在下面；若是和正线相交，正线在下面，上面的接触线应能在限制管和下面接触线间活动。线岔结构如图3-39所示，其外壳形状示意如图3-40所示。

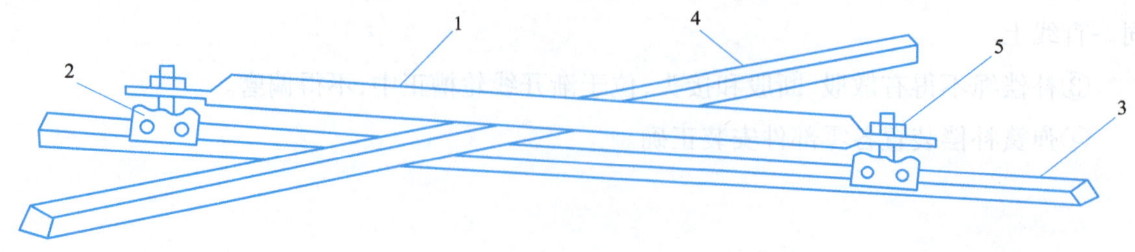

图3-39 线岔结构图

1—限制管；2—定位线夹；3—正线接触线；

4—渡线接触线；5—螺栓

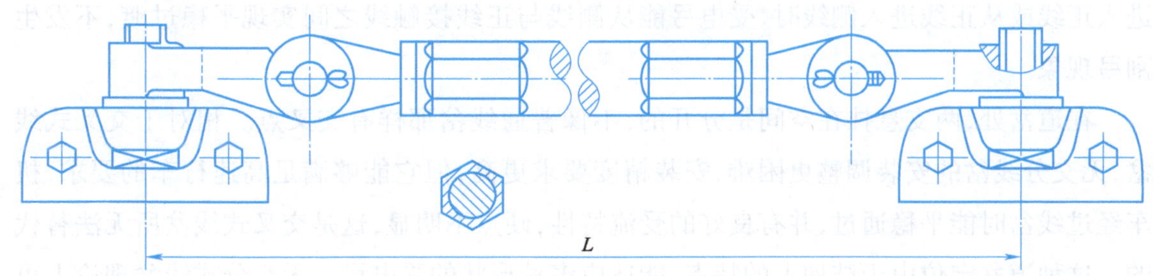

图 3-40　线岔外壳形状示意

8.1.3　高速交叉线岔

1. 高速交叉线岔的作用

高速交叉线岔为防止接触线在温度变化时定位器偏移过大，将两支接触悬挂分别悬挂定位在两套腕臂支持装置上，同时下锚支接触线在交叉点处比正线接触线高 20 ~ 30 mm，非工作支应过渡一跨后再下锚。当温度变化时，腕臂和定位器均会发生顺线路方向的偏移，从而引起接触线高度、拉出值和线岔几何参数发生变化，对取流不利，所以高速区段一般有正线和侧线衔接锚段的接触线和承力索材质应取一致，且两支接触悬挂的下锚方向应相同。同时采用在交叉点两侧 550 ~ 600 mm 处各设一组交叉吊弦的安装形式，来确保受电弓在始触区附近的两支接触线高度一致。

2. 高速交叉吊弦定位及布置原则

1/9、1/12 道岔布置原则如下：

(1)单开道岔支柱一般位于道岔理论岔心开口侧 1.0 m 处(线间距 350 mm)；复式交分道岔仍为距岔心 1.5 m(左右均可)。交叉点位置应在两内轨相距 760 ~ 1 000 mm 的范围内。

(2)道岔处正线、侧线拉出值一般为 300 mm 和 400 mm，交叉渡线处正线拉出值为 200 mm，道岔开口方向下一定位点拉出值为 0；复式交分道岔处拉出值为 0。

(3)对于岔后曲线，支柱位置不宜超过曲线头。

3. 高速交叉吊弦始触区

在交叉线岔两支工作支接触线侧，正线接触线的投影与侧线线路中心或侧线接触线的投影与正线线路中心间距为 600 ~ 1 050 mm 的范围内，不得安装任何线夹。

8.1.4　高速无交叉线岔

当电力机车从正线上通过道岔时，受电弓在任何情况下均不与侧线的接触线相接触(这在高速情况下尤为重要)，避免受电弓通过交叉线岔时发生打弓现象；电力机车从侧线进入正线或从正线进入侧线时,受电弓能从侧线与正线接触线之间实现平稳过渡,不发生刮弓现象。

在道岔处,两支悬挂在空间是分开的,不像普通线岔那样有交叉点。相对于交叉式线岔,无交分线岔的安装调整更困难,安装精度要求更高,但它能够满足高速行车的要求,机车经过线岔时能平稳通过,并有良好的受流特性,硬点不明显,这是交叉式线岔所无法替代的。这种道岔定位由于结构上的特点,能适应多种形状的受电弓。无交分式线岔理论上可以适应高达 400 km/h 的速度要求,在原理上接近三跨式锚段关节的过渡原理,在平面布置时,充分考虑始触区无线夹的要求,并使两支接触线在始触区范围内尽量位于受电弓中心线的同侧,避免引发钻弓事故。但是无交分线岔过渡的下锚支在定位点处的转角较大(道岔角),导线水平力偏大,不利于精确定位,尤其是针对 12 号以下的道岔难度较大,因此,无交分线岔一般用于 18 号以上道岔。高速无交叉线岔示意如图 3-41 所示。

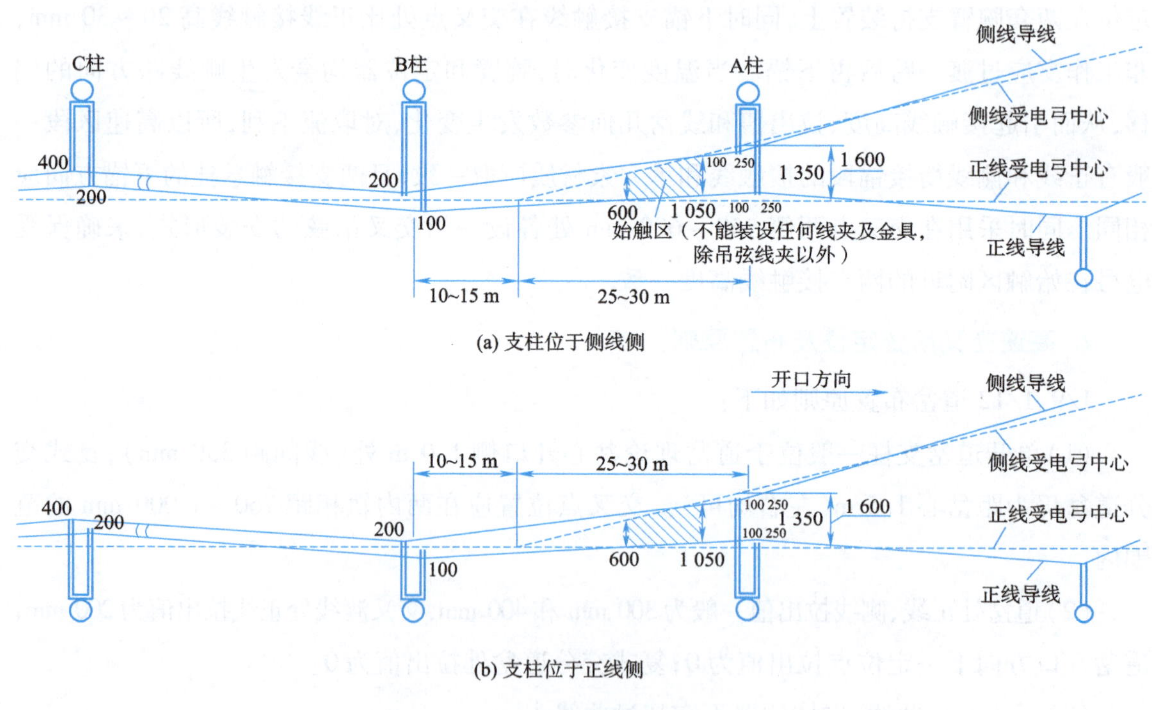

(a) 支柱位于侧线侧

(b) 支柱位于正线侧

图 3-41 高速无交叉线岔(单位:mm)

8.2 标准学习

《维修规则》第一百零九条 单开和对称(双开)交叉线岔

(1)由正线与侧线组成的交叉线岔,正线接触线位于侧线接触线的下方;由侧线和侧线组成的线岔,距中心锚结较近的接触线位于下方。

(2)道岔定位支柱位置应符合设计。

(3)线岔交叉点两侧定位点拉出值满足设计要求,并应保证两接触线交叉点位于规定范围内,任何情况下线岔定位拉出值不大于450 mm。

(4)交叉点位置

标准值:横向距两线路任一线路中心不大于350 mm,纵向距道岔定位柱大于2.5 m。

标准状态:交叉点位于道岔导曲线两内轨距735~1 050 mm范围内的横向中间位置,允许偏差±50 mm。

警示值:同标准状态。

限界值:交叉点位于道岔导曲线两内轨距630~1 085 mm范围外的横向中间位置,允许偏差±50 mm。

(5)两接触线相距500 mm处的高差

标准值:当两支均为工作支时,正线线岔的侧线接触线比正线接触线高20 mm,侧线线岔两接触线等高。当一支为非工作支时,非工作支接触线比工作支接触线高80~100 mm,并按设计要求延长一跨抬高350~500 mm后下锚。

标准状态:当两支均为工作支时,正线线岔侧线接触线比正线接触线高10~30 mm;侧线线岔两接触线高差不大于30 mm。当一支为非工作支时,非工作支接触线比工作支接触线抬高50~100 mm,并延长一跨抬高350~500 mm后下锚。

警示值:同标准状态。

限界值:同警示值。

(6)限制管长度符合设计要求,安装牢固,并使两接触线有一定的活动间隙,保证接触线自由伸缩。

(7)始触区。线岔两工作支中,任一工作支的垂直投影距另一股道线路中心600~1 050 mm的区域内不得安装除吊弦线夹(必需时)外的其他线夹。

在始触区至接触线交叉点处,正线和侧线接触线应位于受电弓中心的同一侧。

(8)道岔定位器支座、软横跨定位立柱不得侵入本线及邻线受电弓动态包络线。

(9)道岔开口方向、道岔定位后的第一个悬挂点设在线间距大于等于1 220 mm处,并应保证两线接触悬挂的任一接触线分别与相邻线路中心距离不小于1 220 mm。

(10)当非工作支下锚偏角大于8°时,非工作支应延长一跨并适当抬高后下锚。

(11)两支承力索垂直间距不应小于60 mm。

(12)岔区腕臂顺线路偏移量符合设计要求,允许偏差±20 mm。

《维修规则》第一百一十条　复式交分和交叉渡线线岔

(1)复式交分道岔两接触线相交于中轴支距中点;交叉渡线道岔两接触线相交于两渡线中心线交点处。

标准值:0。

标准状态:50 mm。

警示值:100 mm。

限界值:150 mm。

(2)两接触线高差、限制管和始触区等,同单开道岔的线岔要求。

《维修规则》第一百一十一条　无交叉线岔

(1)岔心两端的定位柱距岔心距离符合设计规定。

(2)岔区腕臂顺线路偏移应符合设计要求,允许偏差±20 mm。

(3)两承力索垂直间距不应小于60 mm。

(4)道岔柱处接触线高度应符合设计要求,任何情况下拉出值不大于450 mm。

(5)正线接触线距侧线线路中心,侧线接触线距正线线路中心水平投影600~1 050 mm范围为始触区。始触区不允许安装除吊弦线夹以外的任何线夹类金具。

(6)交叉吊弦

①交叉吊弦应安装在正线接触线距侧线线路中心线,侧线接触线距正线线路中心线水平投影550~600 mm的范围内,两交叉吊弦间距一般为2 m。交叉吊弦与其他吊弦间距(始触区反侧)不大于6~8 m。

②交叉吊弦的安装顺序应保证在受电弓从道岔开口方向进入时,先经过侧线承力索与正线接触线间的吊弦。

③交叉吊弦的承力索端采用滑动吊弦线夹时,绝缘垫块应安装正确,保证滑动灵活;交叉吊弦接触线端的吊弦线夹螺栓及载流环应朝向远离另一支接触线的方向,线夹倾斜角最大不得超过15°。

(7)对于38号及以上道岔,在正线接触线距侧线线路中心、侧线接触线距正线线路中心水平投影大于850 mm处,各增设一根吊弦。接触线吊弦线夹螺栓从两接触线间向外穿。

(8)带辅助悬挂的无交叉线岔

①在开口方向第一根道岔柱处,侧线定位点距离正线(直股)线路中心大于1 250 mm;

②第二根道岔柱处侧线抬高80~120 mm;

③在线路中心间距为720 mm处,正线与侧线接触线间距应小于1 200 mm;

④300 km/h以上线路的线岔,第二根道岔柱侧线定位点距离正线(直股)的线路中心应在1 250~1 350 mm间。

《维修规则》第一百一十二条　线岔的编号应以其所在道岔编号命名。

8.3　具体检修

8.3.1　巡视

(1)行走至线岔交叉点或其附近,从不同角度观察限制管偏移方向是否正确、限制管的安装状态是否良好,观察固定限制管的定位线夹是否有偏斜、变形、螺母松动或脱落等现象,观察接触线在限制管内是否有卡滞现象,观察交叉点及其附近接触线有无损伤痕迹。

(2)观察电连接、交叉吊弦状态有无缺陷,观察道岔柱、定位柱、软横跨处定位状态有无缺陷。

(3)观察线岔所在跨距内接触线有无损伤、明显的硬点及被受电弓刮伤等现象。

8.3.2　检修

1. 检修交叉线岔

交叉线岔主要分为高空检修及地面测量部分,高空检修主要负责线岔接触网设备的检修,交叉线岔各定位点及始触区(正进侧、侧进正、正线通过三种情况)接触悬挂冷滑试验,检测线岔处受电弓与接触网匹配关系。地面测量部分主要负责测量 500 mm 处高差、中心偏移值、始触区等技术参数并进行数据分析。交叉线岔结构示意如图 3-42 所示。

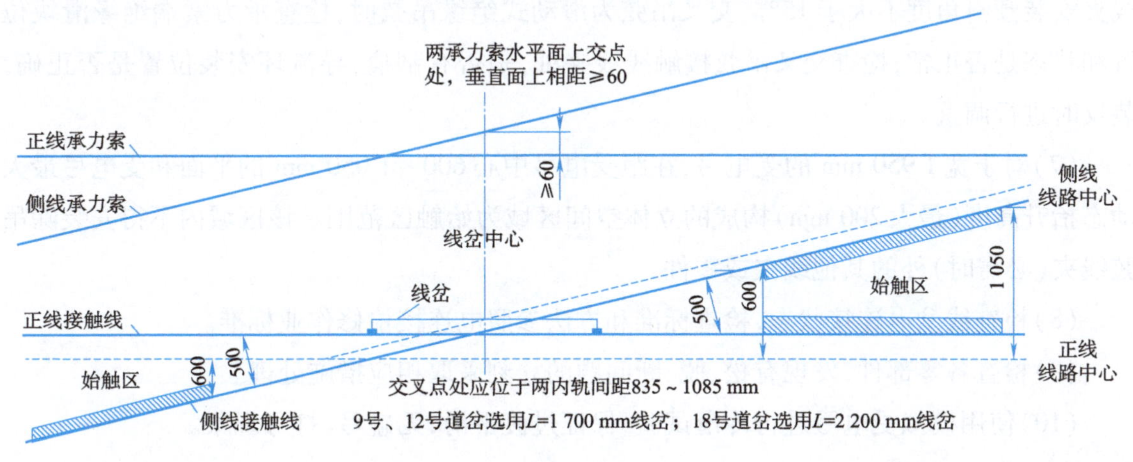

图 3-42　交叉线岔结构示意(单位:mm)

(1)两接触线交叉点纵向位置符合要求(即在道岔导曲线两内轨距 835 ~ 1 085 mm 内),但横向中心偏差超过规定(即超过 50 mm)时,应根据测量确定交叉投影所偏移的方向及偏移值,相应调整定位点的拉出值,直至交叉点投影位置符合要求。

(2)两接触线交叉点投影的横向位置符合要求(位于两内轨横向中心上),但纵向位置超过规定;当小于 835 mm 时,减少交叉角,即相应调整两定位拉出值;当大于 1 085 mm 时,增大交叉角，即相应调整两定位点拉出值（工作支拉出值一般不得超过 450 mm，而非工作支不受其限制，交叉角为两工作导线的夹角）。

（3）两交叉接触线相距 500 mm 处：当两支均为工作支时，正线线岔的侧线接触线比正线接触线高 20 mm（安全值：10 ~ 30 mm），侧线线岔两接触线等高（安全值：0 ~ 30 mm）。当一支为非工作支时，非工作支接触线比工作支接触线高 80 ~ 100 mm（安全值：50 ~ 100 mm），并按设计要求延长一跨抬高 350 ~ 500 mm 后下锚。

两工作支水平和非工作支抬高不符合要求时，在保证正线接触线高度的情况下，调整邻近吊弦的长度直至达到要求为止。注意，非工作支接触线的抬高必须均匀。

（4）查线岔区域内，两支承力索间隙不应小于 60 mm，小于 60 mm 时需要进行调整。

（5）限制管应安装牢固，限制管长度符合设计要求，并使两接触线有一定的活动间隙，保证接触线自由伸缩。交叉点处两支接触线间活动间隙不符合要求时，则调整限制管，直至活动间隙符合要求。必要时，更换限制管。

（6）两组交叉吊弦的间距一般为 2 m。其安装位置应能保证在极限条件情况下，两吊弦间距不小于 60 mm。安装顺序应保证在受电弓从道岔开口方向进入时，先接触到的为侧线承力索与正线接触线间的吊弦。

承力索端和接触线端均应安装有导流环，导流环装在线夹倾斜的反侧，接触线端吊弦线夹安装倾斜角度不大于 15°。交叉吊弦为滑动式绝缘吊弦时，检查承力索端绝缘滑块位置和状态是否正常；检查交叉吊弦接触线线夹处，是否有刮痕，导流环安装位置是否正确，装反时进行调整。

（7）对于宽 1 950 mm 的受电弓，在距受电弓中心 600 ~ 1 050 mm 的平面和受电弓最大动态抬升高度（最大 200 mm）构成的立体空间区域为始触区范围。该区域内不得安装除吊弦线夹（必需时）外的其他线夹或零件。

（8）检查线岔电连接状态，检查标准和方法参照电连接检修作业标准。

（9）检查各零部件，发现有松、脱、断问题的立刻采取相应措施处理。

（10）使用模拟受电弓进行冷滑试验，保证过渡平滑，无碰弓、打弓现象。

2. 检修无交叉线岔

无交叉线岔检修可分为地面测量和高空检修两个部分，地面测量部分主要负责测量 A 柱、B 柱、C 柱、始触区等技术参数并进行数据分析。高空检修主要负责无交叉线岔接触网设备的检修及 A 柱至 B 柱及始触区（正进侧、侧进正、正线通过三种情况）接触悬挂冷滑试验，检测线岔处受电弓与接触网匹配关系。无交叉线岔结构示意如图 3-43 所示。

（1）测量开始，首先找到线岔定位柱的 A 柱（线岔开口方向两线路中心线间距约 1.4 m 左右立杆定位的支柱即为 A 柱），测量定位点两工作支导高、拉出值并记录。A 柱定位点处两接触线等高，允许偏差为侧线比正线高差允许 $^{+30}_{-10}$ mm。

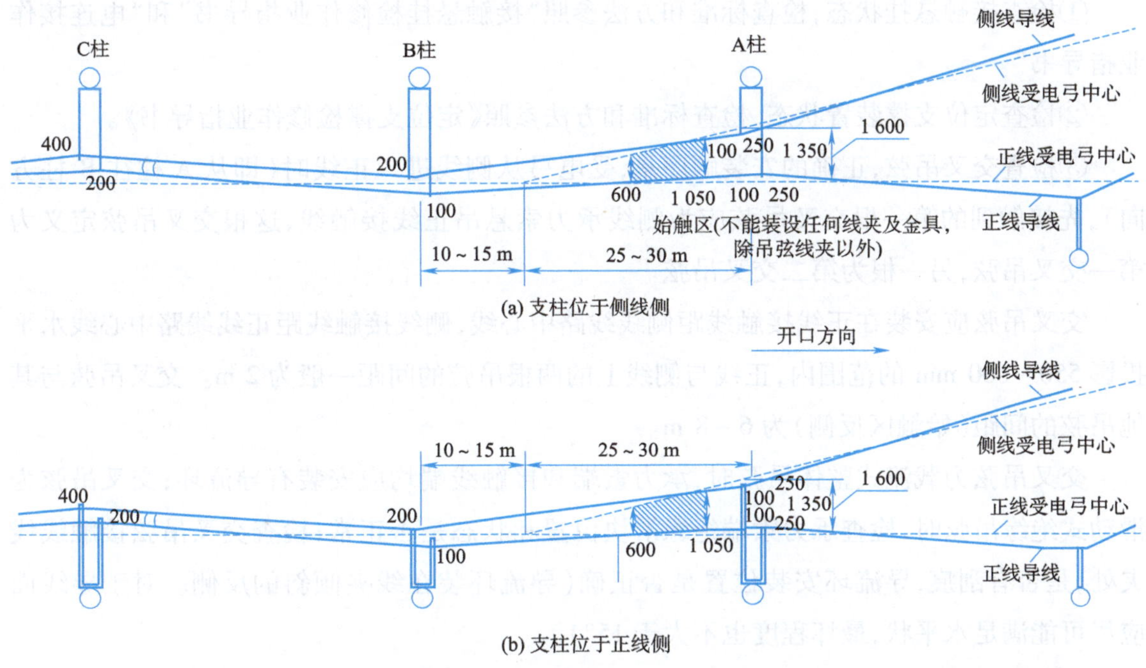

图 3-43　无交叉线岔结构示意(单位：mm)

(2)测量始触区：将激光测量仪摆在侧线股道上，测量线岔 A 柱至 B 柱方向的正线相对于侧线拉出值，拉出值 1 050 mm、600 mm 的两点，这两点之间的范围即为始触区。此时，还应记录 600 mm、1 050mm 处的正、侧线导高值，以便于分析始触区内两支工作状态。正线通过无交叉线岔时，受电弓一般不与侧线接触，无始触区；侧线通过时则有始触区，始触区内不得安装除吊弦线夹以外的任何线夹。

(3)测量 B 柱：第二个道岔柱(A 柱下一根支柱)为 B 柱，测量 B 柱定位点导高、拉出值并记录。B 柱定位点处侧线导高比正线抬高 80～130 mm。测量 B 柱的某一支定位点时，可能会因道岔开向原因造成测量仪轨尺摆不下去，解决方法有两种：

①方法一：在可以正常摆下的股道打另一支接触线，然后测量两线路中心间距，测量出来的拉出值加或者减两线路中心距离，就可以得出拉出值；

②方法二：将激光测量仪基本边摆在不可动轨上，可动一边平摆在另一侧可动轨上，记录人用手推动激光测量仪可动边下的圆形可动块，推至轨距显示为 1 435 mm 左右，此时测量拉出值，便可得出本线拉出值。测量导高时，只要轨尺放平，不受轨距影响。

(4)测量 C 柱：C 柱为 B 柱继续往闭口方向的下一根定位支柱，正侧两线已并轨。按正常测量方法即可测量 C 柱导高、拉出值。C 柱定位点处侧线导高比正线抬高 500 mm，允许偏差为 ±100 mm。

(5)使用车梯上网检查无交叉线岔网上状态。

①检查接触悬挂状态,检查标准和方法参照“接触悬挂检修作业指导书”和“电连接作业指导书”。

②检查定位支撑装置状态,检查标准和方法参照《定位支撑检修作业指导书》。

③检查交叉吊弦,正确的安装顺序是,受电弓从侧线进入正线时(即从 A 柱往 B 柱方向),先接触到的第一根交叉吊弦应为侧线承力索悬吊正线接触线,这根交叉吊弦定义为第一交叉吊弦,另一根为第二交叉吊弦。

交叉吊弦应安装在正线接触线距侧线线路中心线,侧线接触线距正线线路中心线水平投影 550 ~ 600 mm 的范围内,正线与侧线上的两根吊弦的间距一般为 2 m。交叉吊弦与其他吊弦的间距(始触区反侧)为 6 ~ 8 m。

交叉吊弦为载流式整体吊弦时,承力索端和接触线端均应安装有导流环;交叉吊弦为滑动式绝缘吊弦时,检查承力索端绝缘滑块位置和状态是否正常;检查交叉吊弦接触线线夹处,是否有刮痕,导流环安装位置是否正确(导流环装在线夹倾斜的反侧。对于导线面应尽可能满足水平状,最坏程度也不大于 15°)。

(6)检查线岔区域内,两接触悬挂交叉点处的距离,小于 300 mm 时应加装等电位线。

(7)使用模拟受电弓进行冷滑试验,保证过渡平滑,无碰弓、打弓现象。

项目四　支持与定位装置检修

任务 1　检修腕臂

1.1　设备认知

支持装置是用以支持接触悬挂,并将其负荷传给支柱或其他建筑物的装置。支持装置按结构形式不同,主要分为腕臂式和隧道内支持装置两大类。

腕臂式支持装置常用的有:斜腕臂、平腕臂、弓形腕臂等支持装置。

1. 斜腕臂支持装置

斜腕臂与水平拉杆(压管)连接组成一个三角形的受力结构,水平拉杆只能用于受拉力的处所,压管用于受压力的处所并可以承受较小的拉力,如图 4-1 所示。

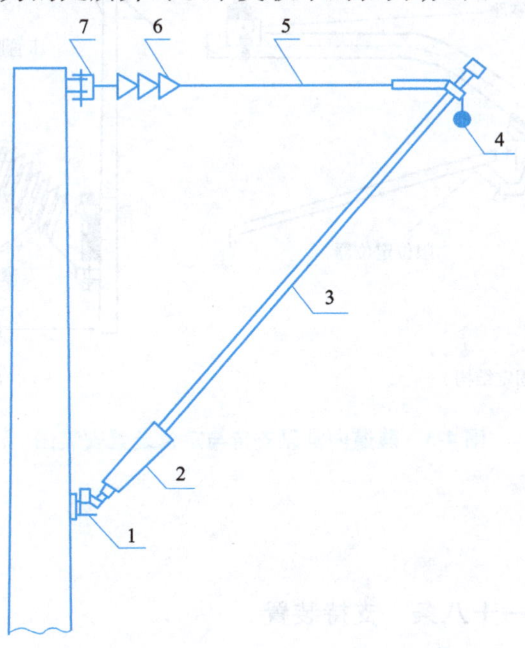

图 4-1　斜腕臂示意

1—旋转腕臂底座;2—棒式绝缘子;3—绝缘腕臂;4—承力索;

5—水平拉杆;6—悬式绝缘子串;7—拉杆底座

2. 平腕臂支持装置(含整体式)

平腕臂支持装置主要由一根平腕臂和一根斜腕臂组成,如图 4-2 所示。

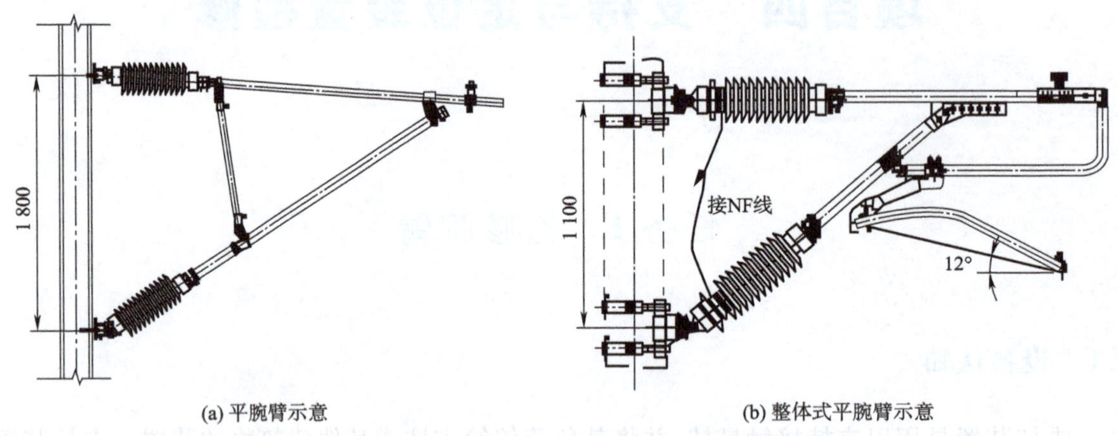

(a) 平腕臂示意　　(b) 整体式平腕臂示意

图 4-2　平腕臂支持装置(单位:mm)

3. 弓形腕臂装置

弓形腕臂装置多用于隧道。其集承力索悬挂与接触线于一体,以提高隧道净空的利用率。隧道内常见支持与定位装置安装图如图 4-3 所示。

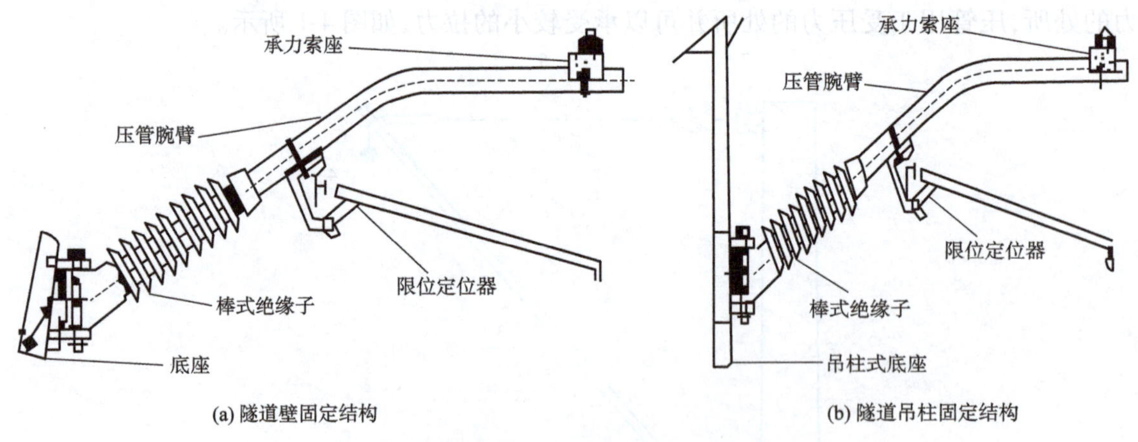

(a) 隧道壁固定结构　　(b) 隧道吊柱固定结构

图 4-3　隧道内常见支持与定位装置安装图

1.2　标准学习

《维修规则》第一百一十八条　支持装置

(1)腕臂底座应与支柱密贴,呈水平状态,两端高差不大于 10 mm。安装高度符合设计要求,允许偏差 ±50 mm。多线路腕臂底座及连接件安装高度应满足最高轨面至横梁下缘的设计高度,允许偏差 ±50 mm。

双腕臂底座间距应满足要求。极限温度时，两支悬挂及零部件间距不得小于60 mm。

（2）腕臂

①腕臂不得明显弯曲且无永久性变形。平腕臂端部余长为200 mm，平腕臂绝缘子端头距套管单耳100 mm，承力索座距双套筒连接器一般为300 mm，接触线悬挂点距吊钩定位环一般为400 mm。防风拉线环距定位器头水平距离600 mm，允许偏差$^{+50}_{-100}$ mm。

双线路腕臂应保持水平状态，其允许仰高不超过100 mm，无永久性变形。定位立柱应保持铅垂状态；

②平腕臂安装位置满足承力索悬挂点（或支撑点）距线路中心的水平距离规定；距轨面距离（即导线高度加结构高度）满足下述要求。

标准值：设计值。

标准状态：标准值±50 mm。

警示值：标准值±200 mm。

限界值：（以跨距中最短吊弦长度为依据界定）最短吊弦长度不小于300 mm。

③腕臂偏移

标准值：符合安装曲线要求。

标准状态：标准值±50 mm。

警示值：标准值±100 mm。

限界值：任何情况下不得超过腕臂垂直投影长度的1/3。

④平腕臂抬头时和斜腕臂应安装管帽，水平或低头时不宜安装管帽。

（3）支持装置各部件组装正确。腕臂上的各部件应与腕臂在同一垂直面内，铰接处转动灵活。

①定位管吊线钩开口，正定位时朝远离支柱侧，反定位时朝支柱侧。

②腕臂棒式绝缘子排水孔朝下。

③承力索座内的承力索置于受力方向指向轴心的槽内。

（4）定位管吊线两端均装设心形环，线鼻子采用压接方法固定。

1.3　具体检修

1. 巡视

（1）目测水平拉杆、调节板受力状态是否良好，是否呈水平状态，有无出现水平拉杆承受压力情况。

（2）观察悬式、棒式绝缘子有无破损现象。观察套管绞环、套管双耳、定位环、钩头鞍子等部件有无锈蚀、断裂及烧伤等现象。

(3)观察腕臂有无永久性弯曲现象,顶端管帽密封状态是否良好。

(4)观察腕臂是否垂直于线路。

2. 检修

(1)上下部腕臂底座及绝缘子铁锚压板的检查。

①外观检查弹簧上、下部腕臂底座穿钉紧固到位,垫片压平,有副螺帽。对于腕臂底座横销钉,必须保证其副螺帽或开口销至少有一种。

②外观检查上、下部腕臂底座棒式绝缘子顶部铁锚压板安装正确,U 形环无缺失,弹簧垫片压平。

③外观检查绝缘子无破损、无脏污。

(2)外观检查斜撑零部件的无裂纹变形,零部件连接良好,顶丝、锁紧螺母等无缺失。

(3)垂直定位环(套管单耳)检查。

对垂直定位环的外观整体检查,检查本体无开裂,单耳部分垂直大地,不得顺线路偏斜,垫片压平,螺帽无缺失并紧固到位。

(4)旋转双耳及双耳套筒检查。

①外观整体检查旋转双耳及套筒双耳,本体无开裂,连接状态良好。用手纵向推动一下定位管,观察旋转双耳如果转动或受不正常的力,则易造成旋转双耳开裂,须进一步检查分析。

②检查顶紧螺栓及锁紧螺帽无松动,有划线并力矩紧固到位。

(5)双套筒连接器的检查。

外观检查零部件无裂纹变形,零部件连接状态良好,顶丝、锁紧螺母等无松动、缺失;连接器本体连接后,部件竖直面上应垂直于轨面,划线处无滑移。对双套管连接器大螺帽,检查其无缺失,力矩紧固到位,并划线。

(6)承力索支撑线夹的检查。

①外观检查零部件无裂纹变形,零部件连接状态良好,顶丝、锁紧螺母无松动、缺失,承力索支撑线夹安装方向应正确(底座处钩头开口正定位朝线路侧、反定位朝田野侧),安装好的承力索支撑线夹应竖直向上,副线、铜铝过渡套无缺失,平衡线与定位器方向异侧,压线盖板螺栓无松动,承力索有无从支座中脱出;对于平衡线与承力索座装反的缺陷需利用轨道车作业进行处理。

②承力索支撑线夹缺平衡线、铜铝过渡套图片。

(7)U 形螺栓锚支定位卡子的检查(仅锚段关节处)。

外观整体检查锚支定位卡子无开裂变形,螺栓螺帽无缺失并紧固到位,垫片压平,螺母在受压侧(U 形螺栓的螺母处垫片缺装或无法调整到位则使用油漆笔划红线防滑)。

(8)开口销装配方法:

①用手或钳子将开口销插入圆柱销内,不能用榔头将开口销打进去。

②用螺丝刀将开口销掰开。

③掰开开口销的角度，原则上不小于120°（两边对称）。

④开口销在打开时，注意使分开的部分平直、对称，不允许长短不齐、带R形和上下空档。

任务2　检修定位装置

2.1　设备认知

受电弓动态包络线是指受电弓外形轮廓加上允许的抬高和摆动量所形成的包络线。其中，摆动量应该考虑受电弓的风偏移量，同时，考虑10%左右的余量，以200 km/h区段受电弓最大动态抬升量为250 mm，直线区段受电弓左右摆动量为200 mm，最大横向摆动量为280 mm，曲线区段受电弓最大摆动量为330 mm，在最大风速条件下所有零部件在动、静态时都不得侵入受电弓动态包络线范围。

定位装置就是对接触线进行定位的装置。为了使电力机车在运行中受电弓滑板与沿线路上空架设的接触线，始终保持良好的接触取流状态，就需要将接触线按受电弓运行轨迹的要求安装在一定的位置上。对接触线进行这种定位是由定位装置来实现的，它保证接触线与受电弓中心的相对位置在规定的范围内，以避免接触线越出受电弓而脱弓，造成刮断接触线或刮坏受电弓等弓网事故；并将水平负荷传递给支持装置；同时又要使接触线对受电弓的磨耗均匀。定位装置是腕臂结构中的主要组成部分，它是在定位点处对接触线实现相对于线路中心进行横向定位的装置。也就是说，定位装置的作用是根据技术要求，把接触线进行横向定位。在直线区段，相对于线路中心把接触线布置成“之”字形状；在曲线区段，相对于受电弓中心轨迹布置成切线或割线。

对定位装置的技术要求：

（1）保证将接触线固定在要求的位置上。

（2）转动灵活，当温度变化时，定位管不影响接触线沿线路方向的移动。

（3）定位点弹性良好，当机车受电弓通过时，能使接触线均匀升高，不形成硬点，也不会与该装置发生碰撞。

（4）是具有一定的防风稳定功能。

2.1.1　定位器的组成

定位装置由定位管、定位器、定位线夹及连接零件组成。

1. 定位管

设置定位管的目的是便于定位器的安装和调节，在水平方向调整拉出值，在垂直方向调节接触线高度(调节定位管在斜腕臂上的安装位置可在小范围内调节接触线安装高度,以弥补因支柱或基础施工造成的偏差)。高铁定位管与腕臂一样普遍采用铝合金材质,定位管长度根据定位位置不同而各不相同。定位管由双耳套筒 $\phi55$ 铝合金管及销钉、开口销及螺栓、螺母等组成;定位管的结构和实物如图 4-4 所示。一般情况下定位管本体已在工厂切割成所需长度并已与双耳套筒连接,可以直接安装。

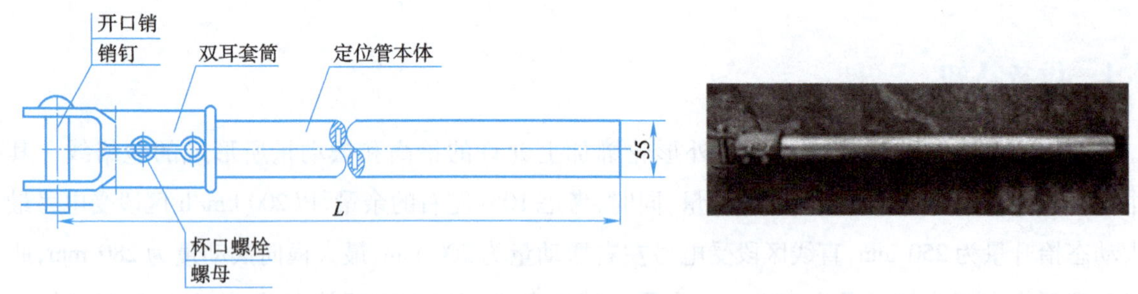

图 4-4　定位管(单位:mm)

定位管的空间姿态对弓网运行安全有直接影响,以轨平面为参考面,正定位的定位管允许有抬头,反定位的定位管允许有低头,具体以线路设计为准。否则,定位处易形成硬点,并存在引发定位管打碰弓的可能。为使定位管保持应有的姿态,并与腕臂保持同步偏移,可用多股不锈钢软绞线将定位管前端吊挂于承力索座或承力索上,也可用固定支撑将定位管与斜腕臂连接。

2. 定位器

定位器是定位装置中关键的部件,其作用是通过定位线夹把接触线按设计标准拉出值的要求,固定在一定位置,并承受接触线的水平力。定位器由定位钩、镀锌钢管或铝合金管、套筒和定位销钉、定位线夹等零件组成。常用定位器的结构如图 4-5 所示。

定位器是定位装置的关键零件,在设计条件下,定位器应能保证接触线的高度和拉出值符合设计要求,且不影响接触线沿线路方向的正常伸缩,同时要求质量轻、不在定位点形成集中载荷。

定位器的型号取决于悬挂方式、允许抬升量、受电弓型号及其动态包络线、线路及运行速度等相关条件。

为了避免定位器碰撞运行中电力机车受电弓,特别是在曲线区段,由于电力机车车身随线路的外轨超高而向内轨侧倾斜,机车的受电弓也呈倾斜状。为了防止定位器碰撞受电弓,要求定位器安装后应有一定的倾斜度(现场称定位坡度),即定位器根部在安装后要适当抬高一些,其倾斜角度要求为 6°~10°。

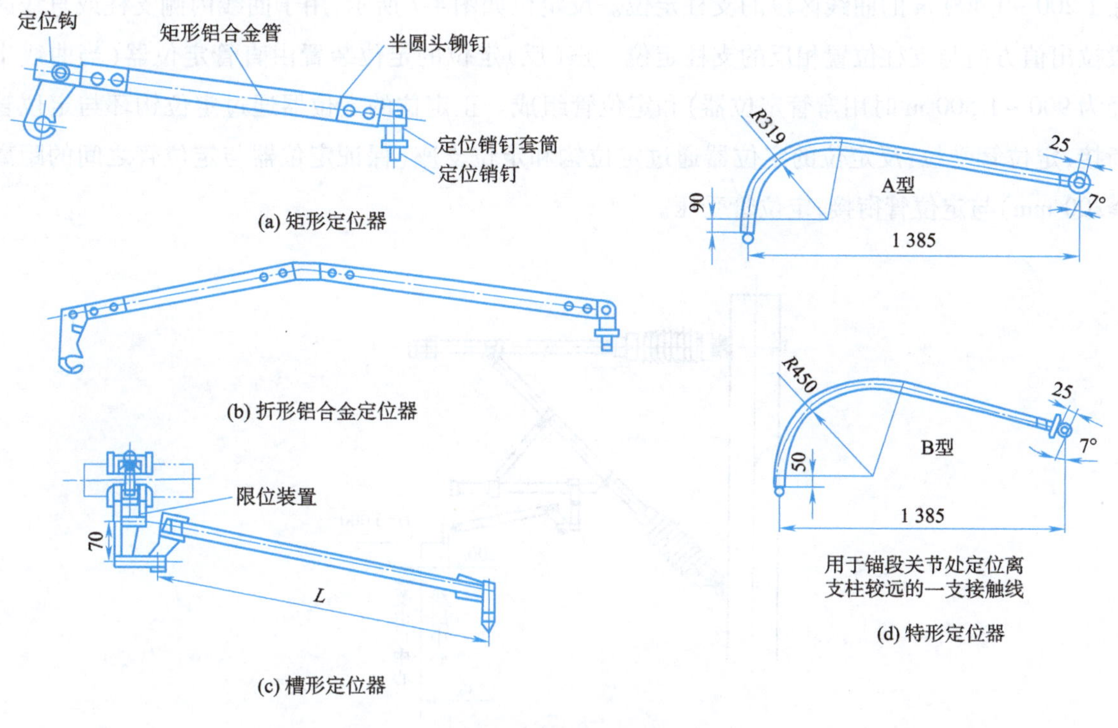

图 4-5　常用定位器外形图(单位:mm)

限位定位器的限位间隙应大小适中,取值计算式为

$$d = h \times a/L$$

式中　a——定位器底座的底部到限位止钉轴线中心的距离(mm);

L——定位器的长度(mm);

h——定位器根部到端部的高差(mm)。

施工误差应控制在 ±1 mm 以内。

为确保支持及定位零部件的短路稳定性,防止非正常电流烧损定位钩、定位环及其他零件,在支持与定位装置的几个主要机械连接点上应设固定电连接。设置电连接时,应在异种金属间涂电力脂,防止异种金属间的腐蚀。

2.1.2　定位方式

定位方式是指接触悬挂与支持定位装置,以及支柱的连接方式,支柱所处位置不同,其定位方式也就不同,分为正定位、反定位、组合定位、软定位、单拉手定位等形式。其中软定位主要用于线路半径小于 1 000 m 时的悬挂定位。单拉手特殊定位形式用于当曲线半径小于 600 m 时,布置腕臂的空间也受到限制的处所,高速接触网中不采用,在此不作介绍。

1. 正定位和反定位

正定位和反定位是接触网的基本定位形式。正定位如图 4-6 所示,用于直线区段或半径在 1 200 ~ 1 400 m 的曲线区段的支柱定位。反定位如图 4-7 所示，用于曲线内侧支柱或直线区段拉出值方向与支柱位置相反的支柱定位。正(反)定位的定位装置由直管定位器(当曲线半径为 900 ~ 1 500 m 时用弯管定位器)和定位管组成。正定位的定位器通过定位钩环与定位管衔接，定位管受拉；反定位的定位器通过定位钩和定位支座(保证定位器与定位管之间的距离≥300 mm)与定位管衔接，定位管受压。

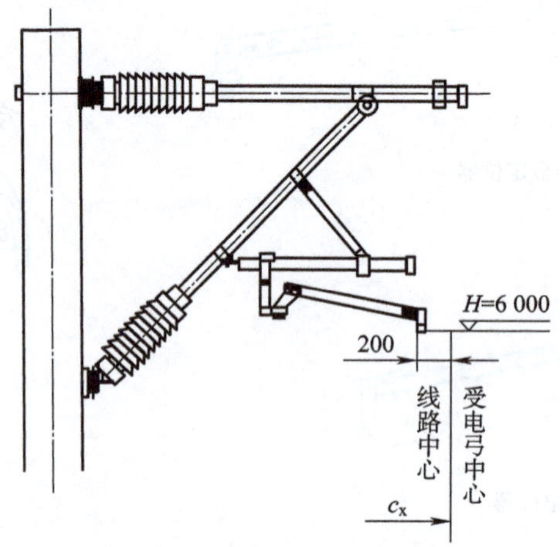

图 4-6 正定位结构安装图

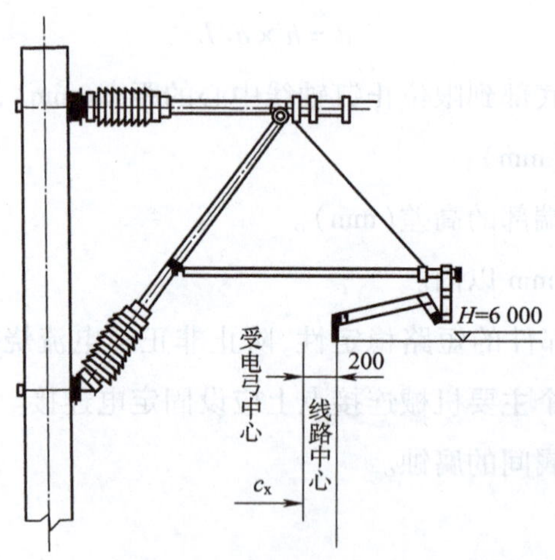

图 4-7 反定位结构安装图

2. 组合定位

组合定位是指在一个支柱上完成两组以上接触悬挂定位的定位形式。转换柱、中心柱、道岔柱的定位均为组合定位，如图 4-8 所示。

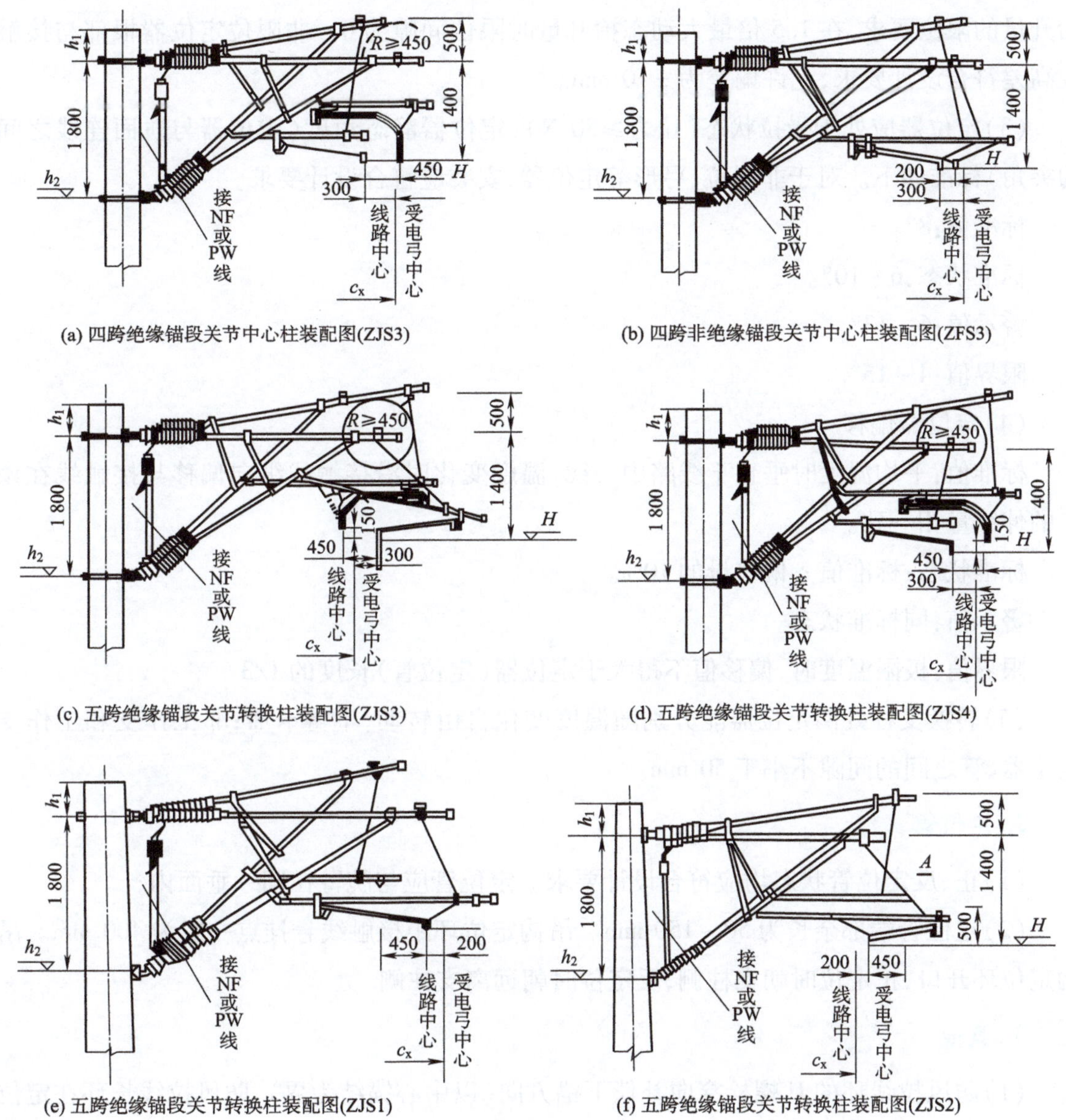

图 4-8　组合定位示意(单位:mm)

2.2　标准学习

《维修规则》第一百一十九条　定位装置结构及安装状态应保证接触线工作面平行于轨面连线,定位点处接触线的弹性符合规定。当电力机车、动车组受电弓通过和温度变化时,接触线能上下、左右自由移动。

1. 定位器

(1)定位器应与腕臂顺线路偏移的方向、角度相一致。

(2)定位器限位间隙应符合设计要求,允许偏差为 ±1 mm。且应满足受电弓最大动态抬升量的限位要求,在 1.5 倍最大动态抬升量时限位间隙为 0。非限位定位器根部与接触线高差符合设计要求,允许偏差为 ±10 mm。

(3)定位器应处于受拉状态(拉力≥80 N),定位器静态角度(定位器与轨面连线之间的夹角)标准如下。对于非限位、弓形等定位器,安装应符合设计要求。

标准值:8°。

标准状态:6 ~ 10°。

警示值:6 ~ 13°。

限界值:4 ~ 15°。

(4)定位器偏移

标准值:平均温度时垂直于线路中心线,温度变化时沿接触线纵向偏移与接触线在该点的伸缩量相一致。

标准状态:标准值 ± 偏移量的 10%。

警示值:同标准状态。

限界值:极限温度时,偏移值不得大于定位器(定位管)长度的 1/3。

(5)转换支柱处两定位器能分别随温度变化自由转动,不得卡滞;非工作支和工作支定位器、管之间的间隙不小于 50 mm。

2. 定位管

(1)正、反定位管状态均应符合设计要求。定位管应与腕臂在同一垂面内;

(2)定位管端部余长为 50 ~ 150 mm。吊钩定位环距接触线悬挂点一般为 400 mm。吊钩定位环开口,正定位时朝支柱侧,反定位时朝远离支柱侧。

3. 其他

(1)防风拉线环的 U 螺栓穿向补偿下锚方向(以中心锚结为界),防风拉线长环在定位管端,短环在定位器端。

(2)防风拉线固定环距定位器端头水平距离为 600 mm,允许误差 $^{+50}_{-100}$ mm。面向下锚侧安装,防风拉线与水平方向呈 45°。防风拉线短环端回头 100 mm;长环端回头 250 mm,防风拉线固定环应位于长环中间位置。

(3)定位管吊线应顺直受力,与弹性吊索间隙大于 50 mm。

(4)定位环应垂直线路方向安装,避免与旋转平双耳出现剪切力。

(5)定位管水平或抬头时应安装管帽,低头时不宜安装管帽。

(6)定位器支座处电气连接线安装符合设计要求,且不应与定位支座限位止钉相互摩擦,铜铝双面垫片安装正确,铝面与定位器和底座接触,铜面与电气连接线鼻子接触。

(7)定位线夹安装正确,与接触线接触面应涂导电介质。定位线夹或锚支定位卡子受力面符合要求,有环夹板远离定位钩和定位支座侧。U 形销向上弯折 60°。

2.3 具体检修

2.3.1 巡视

(1)观察定位器坡度及定位管状态。

(2)观察定位器偏移情况。

(3)观察定位装置各部件技术状态。定位线夹是否偏磨、打弓。定位环、定位钩各铰接部位有无烧损及磨损、开裂现象,各部螺母是否紧固、有无脱落。定位钩与定位环的铰接有无卡滞现象。定位器、定位管有无过热现象,防风支撑安装状态是否符合技术要求。定位管斜吊线(索)受力状态是否良好、固定是否牢固、有无断股情况或造成断线的隐患。

2.3.2 检修

(1)检查定位点拉出值及跨中偏移值是否符合标准。

(2)检查定位器是否处于受拉状态。

(3)定位器支座的检查。

外观整体检查限位定位器底座无开裂(若存在开裂,详细记录外部环境情况,如曲线、附加设备等)。螺帽缺失,螺栓紧固到位,垫片压平。定位器支座必须垂直大地,不得顺线路偏斜。

(4)定位器的状态检查。

外观检查定位器无破损,无烧伤痕迹。定位器不得存在受压情况,对于受压的情况通过调整拉出值进行处理,遇有特殊情况另作方案。

(5)定位线夹检查。

① 螺母在受压侧,纵向位置与腕臂偏移一致,U 形穿销向上掰成 60°。止动垫片安装到位,垫片压平,螺帽无缺失并紧固到位。

②定位线夹使用强光灯采用三视法:即前、后、左、右检查线夹本体状态,线夹无裂纹,落槽,U 形插销密贴。对于隧道内全包覆式锚支线夹,检查受力方向正确,衬垫安装良好,螺栓紧固到位,开口销状态良好。

(6)定位器尾部电连接线的检查。

外观检查等电位连接线固定螺栓紧固到位,无松动。对线鼻子顶限位定位器座的,应松开等电位连接线并进行调整。

(7)U 形螺栓防风拉线及固定环的检查。

外观整体检查防风拉线固定环无开裂,检查防风拉线与固定环相磨程度,检查螺栓螺帽无缺失并紧固到位,垫片压紧。

(8)吊钩定位环的检查。

①外观整体检查吊钩定位环无开裂,螺栓无缺失并紧固到位,垫片压平(U 形螺栓的螺母处垫片缺装或无法调整到位则使用油漆笔划红线防滑)。

②定位管吊线固定钩,背向斜拉线安装,即正定位时朝向支柱,反定位时反向支柱。

(9)定位管斜拉线检查。

检查上下部压接管压紧。

项目五　其他专用设施设备检修

任务1　检修隔离(负荷)开关

1.1　设备认知

隔离开关是一种没有灭弧装置的开关设备,它的作用是连通或切断接触网供电分段间的空载线路,增加供电的灵活性,以满足检修和不同供电方式运行的需要。

在大型建筑物、车站两端、装卸线、专用线、电力机车库线、机车整备线需要进行电的分段,凡需要进行电分段的地方(除上、下行渡线)都应设置隔离开关。另外,当供电线距上网点距离过长也需设置隔离开关。它是接触网设备之一,主要增强接触网供电的灵活性和可靠性。

接触网采用的隔离开关是外露的,没有灭弧装置,不能切断负荷电流和短路电流,严禁在线路上有电力机车取流情况下打开或闭合,只有当接触网上已停电或有电压无负荷电流空载情况下,即线路上无电力机车取流时方能进行隔离开关分、合闸操作,隔离开关可开、合不超过10 km(延长公里)线路的空载电流。

隔离开关通常和断路器配合使用,合闸时,先合隔离开关,后合断路器,接通主电路;分闸时,先分断路器,断开主电路,后分隔离开关,这种操作通常称为倒闸操作。为了保证安全,一般采用联锁装置,以防止误操作。

1.1.1　隔离开关的类型

接触网采用电力系统中的35 kV单级隔离开关和电气化铁路专用耐污型单级隔离开关,在AT区段,因为要同时断开接触悬挂和AF线,多用双极隔离开关。常见的隔离开关如图5-1所示。GW_4-25/630T与GW_4-25/630TD为电气化铁路专用耐污型隔离开关,额定电压为25 kV,额定电流为630A,其主要特点是瓷柱采用了耐污型支持绝缘子

(1)按其用途分为带接地刀闸和不带接地刀闸两种。其型号为GW_4-35、GW_4-35D、GW_4-25/630T、GW_4-25/630TD。其中,G—隔离开关;W—户外型;4—产品序号;35、25—额定电压为35 kV、25 kV;D—带接地刀闸;T—铁路专用;630-额定电流(A)。

(2)按操作次数多少分为经常操作和不经常操作两种。经常操作的隔离开关安装在

车站货物装卸线、机车整备线和库线等处，选用带接地刀闸的 GW_4-35D 或 GW_4-25/630TD 型开关。当开关打开的同时，接地刀闸将接通停电侧刀闸，以保证装卸货物和检修机车人员的安全。不经常操作的隔离开关安装在绝缘锚段关节、分相电分段和馈线等处，采用不带接地刀闸的 GW_4-35、GW_4-25/630T 型开关。

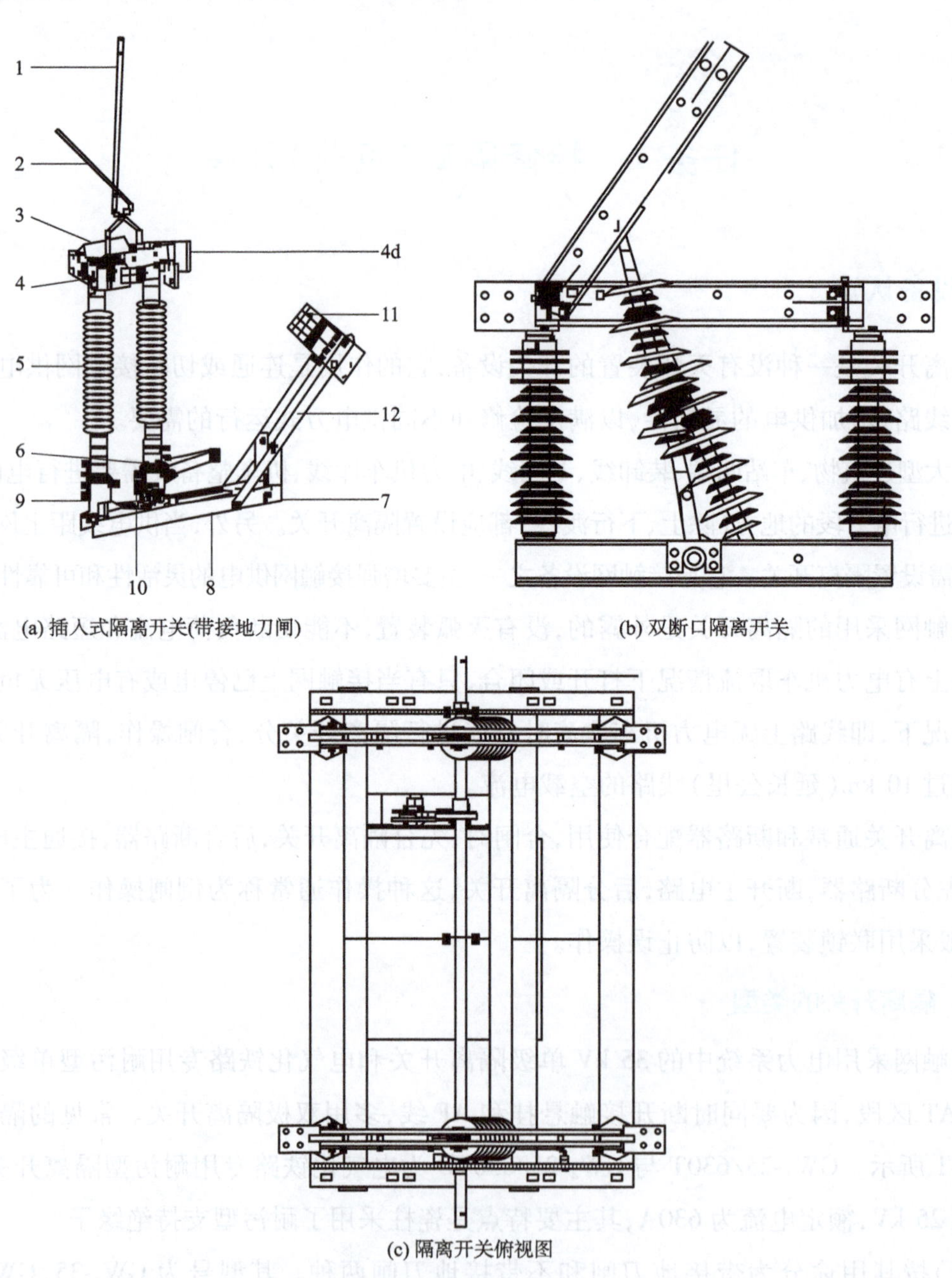

(a) 插入式隔离开关(带接地刀闸)　(b) 双断口隔离开关

(c) 隔离开关俯视图

图 5-1　隔离开关结构

1—电弧角（可移动）；2—电弧角（固定）；3—保护外壳；4—主接触件；4d—接地接触刀闸；5—硅胶复合绝缘子；6—旋转杆；7—接地螺栓；8—底座；9—牙槽；10—行程限制器；11—接地接触弹簧；12—接地刀闸支架

(3)按照结构分为单极隔离开关和双极隔离开关。单极隔离开关是仅与主回路一条导电路径相连的隔离开关,在电气化铁路中最为常见。双极隔离开关是主回路两条导电路径相连的隔离开关,主要用于 AT 区段 AT 上网馈线,AT 区段的绝缘锚段关节处、变电所出口的并联开关和吸流变压器处等。

(4)从操作机构上分类可以分为手动隔离开关和电动隔离开关。手动隔离开关依靠操作人员就地操作,电动隔离开关可以实现就地操作和远动控制。变电所附近的电动隔离开关,可以采用控制电缆控制,线路上离变电所较远的隔离开关采用光纤通信控制。在高速客运专线中,上网点、隧道外绝缘锚段关节处和分相处(负荷开关)多为电动隔离开关,纳入远动控制。但是大型客站基本站台相邻股道设置的隔离开关、动车运用所(库)和机务检修线路处仍然应该设置手动隔离开关。

上述开关的主体结构基本相同,只是带接地刀闸的开关多了一套接地刀闸和联动装置。它由金属底座、绝缘瓷柱、导电刀闸、接地刀闸和操动机构组成。开关的分合过程是操作操动机构,经转动杆转动主轴上的瓷柱,并带动导电刀闸实现分合闸。

隔离开关安装时,腕臂柱安装在支柱顶部,软横跨柱安装在支柱的 1/2 高度处,导电刀闸通过电连接线与接触网连接,如图 5-2 所示。在高速铁路中,隔离开关一般安装在专门的隔离开关支柱上,在 H 型钢柱的顶端装有避雷器、隔离开关、电缆头等装置。上网点通常从牵引所馈出的供电线(T 线)、正馈线(AF 线)接至支柱上的母排,在母排上接有避雷器,保护电缆安全。供电线通过软铜绞线、正馈线通过铝绞线接各自的隔离开关接线柱,经过隔离开关后,和接触悬挂、AF 线相连。

1.1.2　隔离开关的操作

从事隔离开关倒闸作业的人员,其安全等级应不低于三级。凡接触网及电力作业人员进行隔离开关倒闸时,都必须有供电调度的命令。对车站、机务段、厂矿等有权操作隔离开关的单位,在向供电调度申请倒闸命令之前,要令人应向单位主管负责人办理倒闸手续。对遇有危及人身或设备安全的紧急情况,可以不经供电调度批准,先行断开断路器或有条件断开的负荷开关、隔离开关,并立即报告电力调度。但在闭合时必须有供电调度员的命令。

在申请倒闸命令时,先由安全等级不低于三级的要令人员向供电调度提出申请,经供电调度审查无误后发布倒闸作业命令,要令人受令复诵,供电调度员确认无误后,方可给命令编号和批准时间。倒闸人员必须戴好安全帽和绝缘手套,接到倒闸命令后,必须先确认开关位置和开合状态无误,再进行倒闸。倒闸时要迅速准确地进行倒闸,一次开闭到位,中途不得停留和发生冲击。

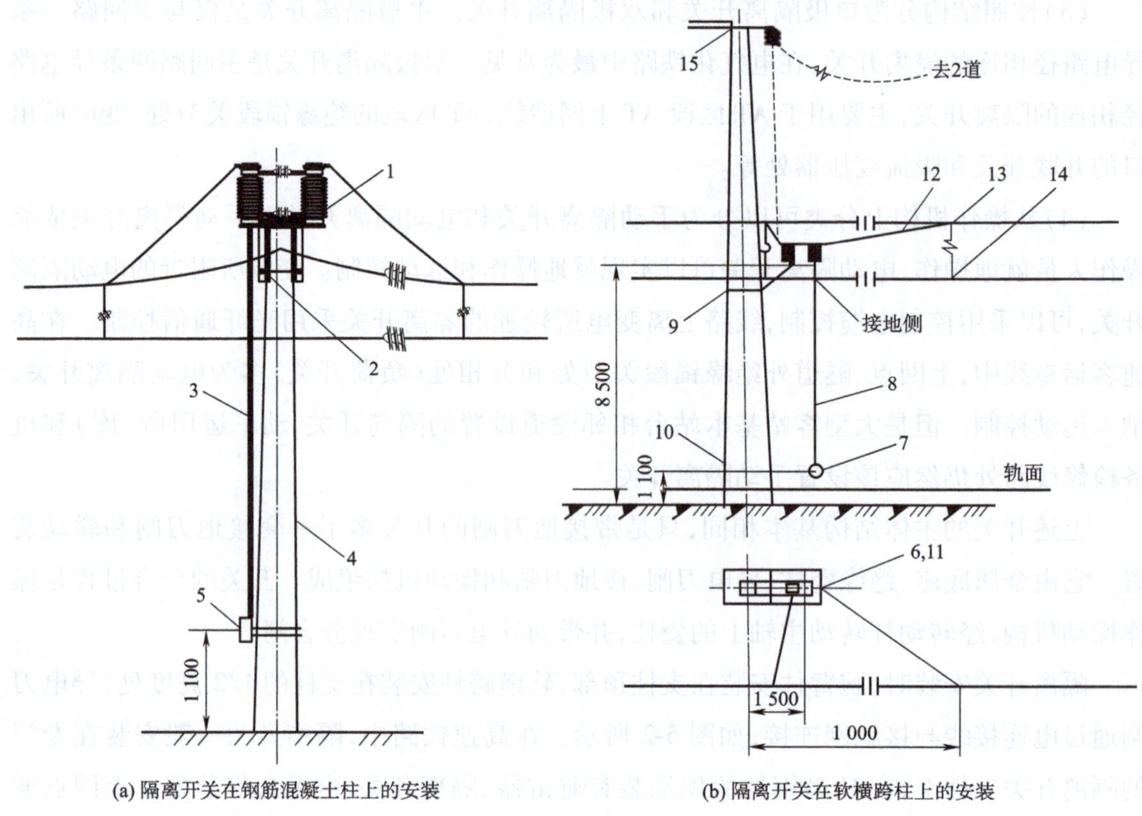

图 5-2　隔离开关安装图(单位:mm)

1—隔离开关;2—隔离开关托架;3—传动杆;4—支柱;5—手动操动机构;
6—隔离开关;7—操动机构;8—传动杆;9 —避雷器;10—支柱;
11—隔离开关托架;12—电连接线;13—承力索;14—接触线;15—架空地线

每次倒闸作业,发令人要将命令内容记录,受令人要填写“隔离(负荷)开关倒闸命令票”(表 5-1)。倒闸人员在填好“隔离(负荷)开关倒闸命令票”后,要迅速进行倒闸,操作时应遵守以下规定:

(1)必须有两人在场,一人监护,一人操作。

(2)操作人员必须戴好安全帽,穿好绝缘靴,戴好绝缘手套,借助于操作棒,确认隔离开关及其传动装置正常,接地线良好,线路上确无电力机车取流的情况下,方可按规定程序操作。如发现有不良状态时,既不准操作,也不能自行修理,应立即报告供电调度员派人前来检修。

(3)严禁带负荷操作隔离开关。

(4)操作隔离开关要准确、迅速,一次开闭到底,中途不得停顿或发生冲撞。操作过程中,人体各部不得与支柱及其机构接触。雷电期间,禁止操作。

(5)操作使用的绝缘工具要存放在阴凉干燥、不落灰尘的容器内,每隔 6 个月送供电段做绝缘耐压试验，每次使用前要进行简单漏气试验。

倒闸作业完成后，操作人员要立即填写“隔离（负荷）开关倒闸完成报告单”（表5-2），电力调度员要及时发布完成时间和编号并记入“倒闸作业命令记录”，至此倒闸作业方告结束。

表5-1　隔离（负荷）开关倒闸命令票

隔离（负荷）开关倒闸命令票　第　号
1. 把　　车站（或区间）第　　号隔离（负荷）开关闭合（或断开）。
2. 将　　车站（或区间）第　　号隔离（负荷）开关闭合（或断开）。
发令人：　　受令人：
批准时间：　时　分　日期：　年　月　日

说明：本票用白色纸印黑色格和字。规格：半幅A4。

表5-2　隔离（负荷）开关倒闸完成报告单

隔离（负荷）开关倒闸完成报告单　第　号
1.　　车站（区间）第　　号隔离（负荷）开关已于　时　分闭合（或断开）。
2.　　车站（区间）第　　号隔离（负荷）开关已于　时　分闭合（或断开）。
倒闸操作人：　　发令人：　　受令人：
完成时间：　时　分　日期：　年　月　日

说明：本票用白色纸印黑色格和字。规格：半幅A4。

供电调度员要及时发布完成时间和命令编号并记入“隔离（负荷）开关倒闸命令票”中，至此倒闸作业方告结束。

1.2　标准学习

《维修规则》第一百二十七条　隔离（负荷）开关

（1）隔离（负荷）开关应动作可靠、转动灵活，转动部分应注以适合当地气候的润滑油。分闸角度及合闸状态应符合产品技术要求，止钉间隙符合规定。

（2）隔离（负荷）开关触头接触面应平整、光洁无损伤，并涂以导电介质。触头间接触紧密，接触压力均匀，用0.05 mm×10 mm的塞尺检查，线接触为0 mm，面接触不大于 4 mm。

(3)引线和连接线的截面与开关额定电流及所连接接触网当量截面相适应,引线连接良好且不得有接头。引线及连接线应连接牢固接触良好,无破损和烧伤。当接触悬挂受温度变化偏移时,引线的长度应保证有一定的活动余量并不得侵入限界,引线摆动到极限位置对接地体的距离不小于 350 mm。

(4)支持绝缘子应清洁无破损和放电痕迹,瓷釉剥落面积不超过 300 mm^2。

(5)新安装的隔离(负荷)开关在投入运行前应做《电气装置安装工程　电气设备交接试验标准》(GB 50150)进行交接试验,试验合格后方可投入运行。

(6)负荷开关的技术状态应符合产品技术要求。

《维修规则》第一百二十八条　隔离开关操作机构

(1)隔离开关操作机构应完好无损并加锁。操作时平稳正确无卡阻和冲击,联锁、限位器作用良好可靠。操作机构箱应密封良好,箱体及托架等无锈蚀并可靠接地。

(2)具有远动操作功能的隔离开关,应能保证当地位及远动位的正常操作。

(3)电动隔离开关操作机构的分合闸电机、接触器等部件状态良好,接线紧固,限位开关位置正确,操作灵活可靠。

(4)驱动装置的电机转向正确,机械系统润滑良好,分、合闸指示器与开关实际位置相符合。驱动装置的电机和传动器的滑动离合器应符合技术要求。

1.3　具体检修

1.3.1　巡视

步行巡视隔离开关时,应按以下方法进行:

(1)人员行走至隔离开关安装处时,从不同角度对隔离开关的安装及运行状态进行地面观察,项目为:

①观察隔离开关的瓷柱是否清洁,有无油污、破损及放电现象,瓷釉剥落面积是否超过 300 mm^2,铁件防腐层是否完好。

②在合闸状态时,观察合闸角度是否符合要求(即两刀闸中心线是否在同一直线上);在分闸状态时,观察分闸角度是否符合要求(即 90° + 1°)。若合闸或分闸角度不符合要求,视情况向供电调度报告或申请停电作业。

在观察隔离开关分合闸状态时,同时还应观察刀闸及其触头运行状态,即有无烧伤现象。如因合闸角度不符合要求导致刀闸或触头间有放电(如触头未接触或似接非接等)现象或烧伤情况,则向电力调度报告并申请停电点进行处理。

(2)观察隔离开关电连接器、各部线夹运行状态,即观察电连接线有无断股、烧伤现象，观察各部线夹的连接固定状态是否良好、有无烧伤现象、各部螺栓是否紧固。

进行以上观察时，同时观察电连接线弛度，即观察电连接线是否出现无弛度现象（对隔离开关瓷柱的拉力大）或弛度过大现象（对地或其他位置绝缘距离小）。如有缺陷，视情况报告供电调度或申请停电作业。

（3）观察操作机构状态及其机械闭锁情况，同时观察各部件是否齐全，是否加锁。

1.3.2　检修内容

（1）检查绝缘瓷柱是否有破损、裂纹、放电痕迹，绝缘瓷柱转动是否灵活。

（2）用塞尺检查刀闸触头、设备线夹与隔离开关引线板接触是否密贴、良好。检查螺栓是否紧固、涂油。

（3）打开隔离开关，测量主刀闸分闸角度、分闸止钉间隙，检查主刀闸触头有无烧伤、扭曲、麻点等。带接地刀闸的隔离开关，检查接地刀闸合闸状态是否符合要求。

（4）闭合隔离开关，检查是否有回弹现象，主刀闸触头接触压力是否均匀、合闸止钉间隙是否为 1 ~ 3 mm；查两刀闸是否水平、中心线是否呈直线、合闸过程中是否旁击。带接地刀闸的隔离开关，检查接地刀闸分闸角度是否符合要求。

（5）双极隔离开关是否同步，刀闸位置是否一致。

（6）测量一次操作隔离开关在分闸过程中带电部分与接地部分任何一点空气间隙，均不得小于 400 mm。

（7）带接地刀闸的隔离开关，测量主刀闸与接地刀闸在联动过程中任何一点的瞬时空气间隙，均不得小于 400 mm。

（8）检查引线松紧是否适当，各处绝缘距离是否符合要求。

（9）检查操作机构转动是否灵活。检查带接地刀闸隔离开关操作机构的联动、闭锁是否正确、可靠。

（10）操作机构和隔离开关转动部位是否注润滑剂凡士林。

（11）各部螺栓是否有锈蚀、是否涂油。铁件是否有油漆剥落、锈蚀。

1.3.3　检修隔离开关的一般步骤

1. 检查开关操作箱接地

（1）检查隔离开关操作箱接地线；接地连接是否牢靠，有无生锈，螺母有无缺失。

（2）对接地连接线夹进行防腐操作，锈蚀严重的进行更换。

（3）测量接地电阻，测量接地电阻不大于 10 Ω。

2. 操作机构箱检修

(1)操作箱检修

操作箱底座螺栓螺母有无紧固到位,有无缺失、有无生锈,进线口有无封堵,是否进水;箱内有无蚂蚁等。

(2)传动杆检修

传动杆与机构箱连接部位连接螺栓螺母有无紧固到位、有无变形、松动、缺失、有无生锈。

(3)连接部件检修

连接部件按要求进行防腐,所有连接螺栓必须紧固,并且涂抹黄油。

3. 检修支撑底座

(1)检修人员上到开关上部需先将短接线打好方可进行作业。

(2)检查所有连接螺栓有无缺失,有无紧固到位,并且除锈涂抹黄油。

(3)将水平尺放在底座上观察,同时调整斜撑角钢与水平角钢连接处的位置,直至底座水平,然后将螺栓紧固。

4. 支撑绝缘子

(1)目视检查绝缘子状态,支持绝缘子应表面清洁、无破损和放电痕迹(污垢或漆点面积不得超过100 mm^2),釉面剥落不大于300 mm^2,瓷柱转动灵活;利用水平尺测量开关绝缘子直立情况,其倾斜度不得超过2°,当不符合要求时,超过时松开绝缘子底座,添加适量垫片使其垂直。

(2)清扫支撑绝缘子。

5. 检修隔离开关主刀闸

(1)刀闸有无烧灼、有无氧化痕迹,刀闸有无密贴。

(2)合闸时触头接触良好,触头接触面应平整、光洁无损伤。接触面涂抹导电膏,首先清理隔离刀与触头接触面污垢和灰尘,然后涂抹导电膏。

(3)刀闸接触面有烧伤、麻点及灰尘的处理:可用砂布打磨、抹布擦净,然后涂一层电力复合脂。

(4)接触面不密贴的处理:刀片弯曲时可用扳手将刀片校正;弹簧压力不够时调整触头的弹簧压力。

(5)触头与刀片(高差造成)旁击的处理:可略搬动刀片,直至合适,必要时可在支持绝缘子与底座间加垫片。

6. 检修设备线夹

设备线夹与设备连接稳固,接头及本体无氧化、变色、灼伤、放电痕迹,螺钉、螺母是否齐全,有无松动并加装双螺母,使用扭力扳手紧固。如发现是对接式铜铝过渡设备线夹则更换成面接式爆炸焊工艺铜铝过渡设备线夹,设备线夹有裂纹时,则需进行更换。

7. 检查引线

(1)有无烧伤、散股、断股痕迹,弛度有无过松、过紧。

(2)测量引线距接地体的距离最小距离,在任何情况下,引线摆动到极限位置时距接地体的距离不小于350 mm。T线与F线两者间的绝缘距离任何情况下大于450 mm。

(3)引线与腕臂的距离大于300 mm,不得出现相磨情况。

8. 检查分合闸情况

(1)将隔离开关打至分闸位置,测量分闸角度,分闸止钉间隙,检查触头表面情况,带接地刀的隔离开关应检查接地刀闸的接触情况。分闸角度不合适时,将开关倒至分闸位置后,先调整交叉连杆的长度,直至分闸角度符合要求,最后调分闸止钉的间隙1~3 mm。隔离开关的分闸角度及合闸状态应符合产品的技术要求,合闸时,触头接触良好,刀闸水平,两刀闸中心线相吻合成180°;分闸时的角度90°,允许误差+1°,止钉间隙1~3 mm。

(2)开关打至合闸位置,检查两刀闸中心线是否吻合、水平,有无旁击现象,检查主刀闸是否接触密贴,用0.05 mm×10 mm的塞尺检查,对于线接触的应塞不进去,对于面接触的其塞入深度在接触表面宽度为50 mm及以下时,不应超过4 mm,在接触表面宽度为60 mm及以上时不应超过6 mm。合闸不呈直线时,先将开关倒至合闸的位置,调交叉连杆,使刀片合闸呈直线,然后调合闸止钉间隙。隔离开关合闸时触头接触良好,触头接触面应平整、光洁无损伤。接触面涂抹导电膏,首先清理隔离刀与触头接触面污垢和灰尘,然后涂抹导电膏,测温片无变色。

(3)有接地闸刀的隔离开关,目视观察接地刀闸情况,接地刀闸合后不到位或合后过头,通过调整接地刀闸传动拐臂的角度及接地连杆的长度,使其接地符合要求;刀闸接触不密贴或过紧,通过调整使其符合要求。

(4)隔离开关当地、远方操作及调试:对机构箱、通信箱进行电源检查,确认正常;对端子排进行紧固检查,确认端子无松动;与供电调度进行联系,分别进行机构箱、通信箱空气开关断合操作,核对遥信正常;确认遥信正常、分合到位。对于双极隔离开关,开合必须同步,刀闸位置必须一致。

1.3.4 隔离(负荷)开关损坏时的应急处理

1. 常分隔离开关损坏

拆卸掉隔离开关引线与隔离开关的连接固定后，将引线临时绑固在承力索上(或将引线自接触网处一并完全拆卸)；处理接触网损坏的其他设备；将安装分段绝缘器的线路封闭。

2. 吸流变压器处的双极 GW4-35/600 隔离开关损坏

将隔离开关与接触网的引线拆卸后，将此隔离开关与吸流变压器一并解列退出运行(同时，需拆卸吸流变压器二次侧与回流线的引线)。合上吸流变压器台上的 GW1-10/6000 隔离开关和绝缘锚段关节的单极 GW4-35/600 隔离开关。

3. 吸流变压器锚段关节处隔离开关损坏

将吸流变压器锚段关节处隔离开关与接触悬挂间的引线拆卸，保证吸流变压器在运行状态即可。

4. 常闭隔离开关、负荷开关故障退出运行后，另一侧接触网受电

①预制一组电连接器，安装在装设隔离开关、负荷开关的转换柱处，用以短接此转换柱处接触线和承力索上的分段悬式绝缘子串，此组电连接器起着旁路隔离开关的作用，保证接触网在电路上不开断。

②采用越区或迂回供电的方式，使另一侧接触网受电。

任务 2 检修绝缘子

2.1 设备认知

绝缘子是接触悬挂的主要部件之一，用于电气绝缘以隔离带电体和非带电体，使接触悬挂对地保持电气绝缘。绝缘子在接触悬挂当中，不仅起着电气绝缘的作用，而且还承受着一定的机械负荷。因此，要求绝缘子不但要有一定的电气绝缘性能，而且还要有一定的机械强度。接触网用绝缘子的受力情况复杂，对芯棒、金具的要求较电力系统高，应用中要考虑抗拉强度、抗弯、抗剪等机械性能。要求合成绝缘子强度安全系数不小于 5.0。

2.1.1 绝缘子构造

1. 按结构形式分

接触网常用绝缘子分为悬式、棒式和针式绝缘子三大类。

(1)悬式绝缘子

悬式绝缘子由钢帽、杵头、耳环、瓷体三部分组成，钢帽和杵头(耳环)间夹着瓷体。悬式绝缘子多用于承受张力且需要绝缘的场合，如线索下锚、水平拉杆、软横跨、隧道内、馈线、锚段关节等处。根据连接件的状态又可分为杵头式和耳环式两种悬式绝缘子，如图 5-3 和图 5-4 所示。

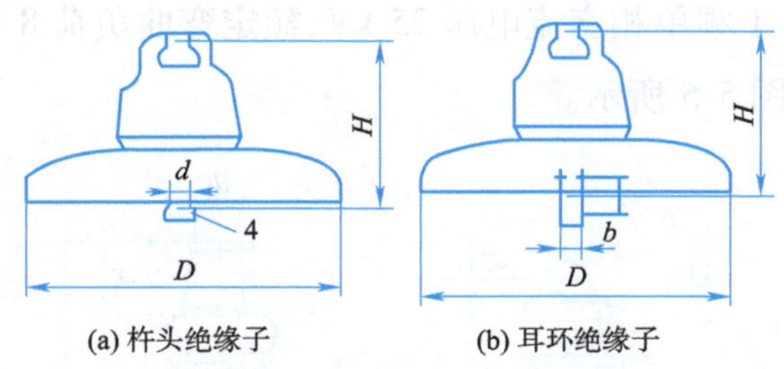

(a) 杵头绝缘子　(b) 耳环绝缘子

图 5-3　非防污悬式绝缘子结构图

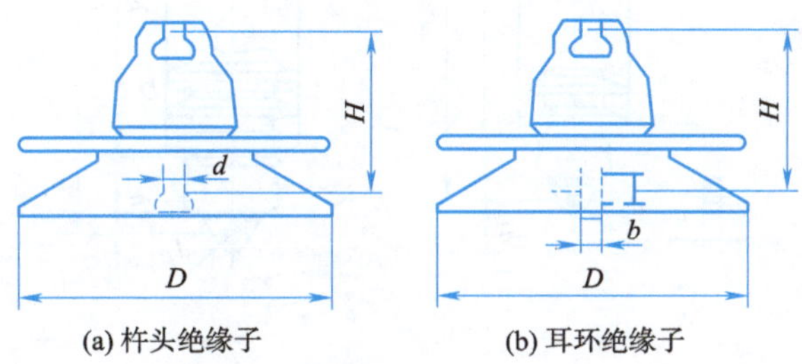

(a) 杵头绝缘子　(b) 耳环绝缘子

图 5-4　防污悬式绝缘子结构图

(2)棒式绝缘子

棒式绝缘子用于承受压力和弯矩的地方。棒式绝缘子主要用于斜腕臂、压管、平腕臂及隧道定位和隧道悬挂等场合。绝缘子按安装方式分为悬挂、定位和腕臂支撑式三种。隧道用悬挂和定位式，区间和站场用腕臂支撑式。

按绝缘子的使用环境又分为普通型和防污型两种。目前采用的棒式绝缘子有 QX、QB、QXN、QBZ、QBN 等几种型号，其型号字符含义如下。

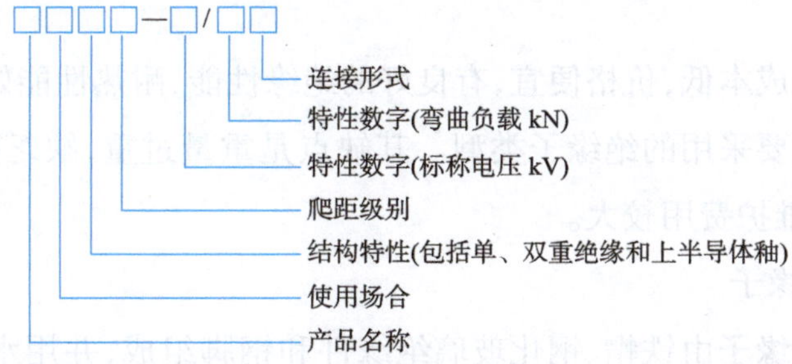

产品名称：Q——交流电气化铁路用棒式瓷绝缘子；

使用场合:X——隧道悬挂,E——隧道定位,B——区间、站场腕臂支持;

结构特性:N——耐污型绝缘子,S——上半导体釉,Z——双重绝缘(单绝缘不表示);

爬距级别:1、2、3——分别表示爬距为 1 000 mm、1 200 mm、1 500 mm 的产品;

连接形式:A——下附件安装为双孔(单孔不表示),D——上附件安装为管形;

例如:QBZ2-25/8D 表示交流电气化铁道用棒式绝缘子,用于区间站场腕臂的双重绝缘,泄漏距离 1 200 mm,工频单相交流电压 25 kV,额定弯曲负荷 8 kN,其上附件安装为管形。棒式绝缘子结构如图 5-5 所示。

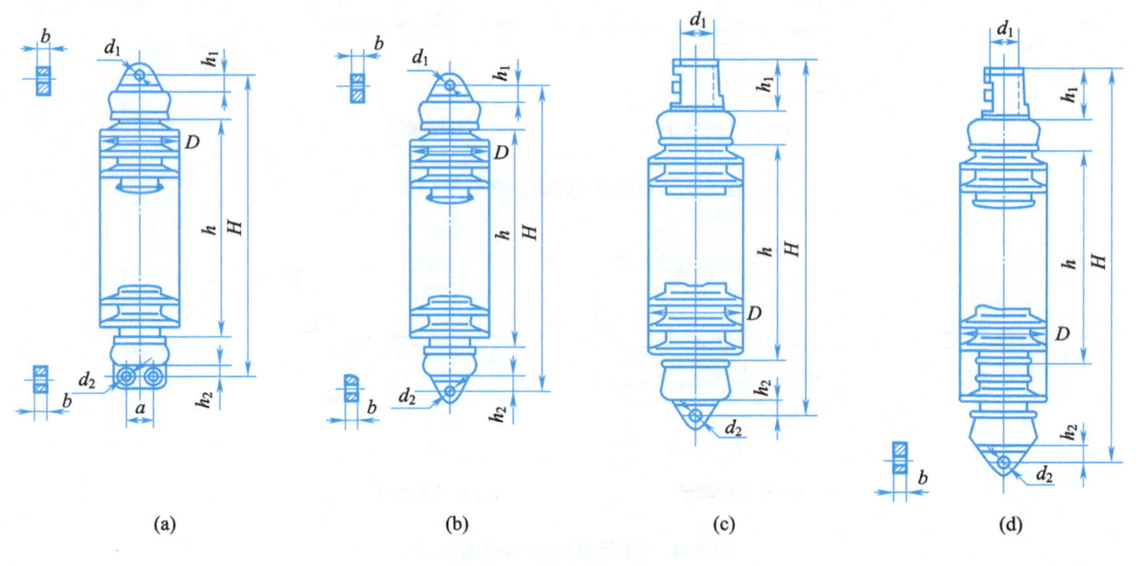

图 5-5 棒式绝缘子结构

(3)针式绝缘子

针式绝缘子多用于回流线、保护线及跳线处,它承受线索不同方向的负荷,将线索固定,并对地起电气绝缘作用,一般采用 P-10T 型针式绝缘子。

2. 按制造材质分

绝缘子按材质分为瓷质绝缘子、钢化玻璃绝缘子和有机合成绝缘子三种。

(1)瓷质绝缘子

该种绝缘子生产成本低,价格便宜,有良好的绝缘性能,耐热性能好,运行经验丰富,是我国电气化铁路中主要采用的绝缘子类型。其缺点是重量过重,缺乏弹性,防污和可靠性方面有待提高,运营维护费用较大。

(2)钢化玻璃绝缘子

钢化玻璃悬式绝缘子由铁帽、钢化玻璃绝缘件和钢脚组成,并用水泥胶合剂胶合为一体。其特点如下:

①零值自破、便于检测。即当绝缘子失去绝缘性能或机械过负荷时,伞裙就会自动破裂脱落,容易发现,可及时进行更换,且无须登杆逐片检测,降低了工人的劳动强度。

②耐电弧和耐振动性能好。在运行中,玻璃绝缘子遭受雷电烧伤的新表面仍是光滑的玻璃体,并有钢化内应力保护层,因此,它仍保持了足够的绝缘性能和机械强度。

③自洁性能好、不易老化。玻璃绝缘子不易积污和易于清扫,人工清扫的周期比瓷绝缘子长,降低了维护费用。

④主容量大,成串电压分布均匀。玻璃的介电常数为7~8,使玻璃绝缘子具有较大的主电容,成串的电压分布均匀,有利于降低导线侧和接地侧附近绝缘子所承受的电压,从而达到减少无线电干扰、降低电晕损耗和延长使用寿命的目的。

限制钢化玻璃绝缘子推广使用的主要原因是其自爆率较高(0.02%~0.04%),影响线路运行的可靠性。

(3)有机合成绝缘子

有机合成绝缘子又称为复合绝缘子,其基本绝缘部件由芯棒和伞套组成,芯棒用玻璃纤维束经树脂浸渍而成,具有很高的抗拉强度;芯棒外部的护套和伞裙一般由硅橡胶或乙丙橡胶材料制成,护套包覆在芯棒外表面,一方面提供良好的外绝缘性能,另一方面保护芯棒免受大气侵蚀。

合成绝缘子在电气化铁路中应用较为广泛,主要用于:隧道内净空条件受限场合;粉尘污染严重地区;减少接触悬挂集中性负载(如:分段绝缘器承力索的绝缘、锚段关节处);易受击打破坏场合代替瓷及钢化玻璃绝缘子使用。

①复合绝缘子的优点为:

a. 机械强度大,抗拉、抗弯、耐受冲击性能好。

b. 自身重量较轻,只有瓷绝缘子重量的1/10左右,方便运输、安装。

c. 绝缘性能好,硅橡胶是憎水性材料,特别是在严重污染和大气潮湿情况下的绝缘性能十分优异,从而减少防污清扫工作量。

d. 耐电弧性能好。

②限制合成绝缘子使用的原因主要有:

a. 其价格较为昂贵。

b. 缺乏简便有效的现场检测技术,大面积使用时矛盾尤为突出。用于合成绝缘子检测的主要手段有:用超声波检测绝缘子中存在的气隙和裂纹,用红外检测局部绝缘缺陷带来的温升,其检测手段较复杂。

2.1.2 绝缘子的防污

绝缘子表面污秽的主要原因:环境污染;货物装载运行中煤、炭、化学粉尘;内燃电力混合牵引时内燃机排放的烟尘;列车闸瓦磨损产生的金属屑等。使接触网绝缘子表面污秽造成闪络的事故频繁发生,而接触网中绝缘子安设高度又比一般输电线路低,污染就更严重,绝缘子污闪问题已成为影响接触网供电可靠性的重要因素。

目前,解决污闪问题的主要措施如下:

(1)采用防污绝缘子,对减少绝缘子污闪事故效果显著。

(2)采用半导体釉绝缘子,可以大幅度延长绝缘子清扫周期,提高供电的可靠性,但也存在泄漏电流较大、半导体釉面易腐蚀等缺点。

(3)采用新型复合绝缘子。

(4)在绝缘子表面涂憎水性油脂,如硅橡胶防污涂料等。

(5)增加绝缘子表面的泄漏距离(爬距)、片数,合理安排清算周期等都可以有效提高绝缘子的绝缘可靠性。

2.1.3 绝缘子的电气性能

绝缘子的电气性能常用干闪电压、湿闪电压、击穿电压和绝缘泄漏距离等表示。

接触网绝缘子一般安设在户外,其表面破损、脏污受潮、受到各种机械力的作用以及绝缘子正常工作时承受着工作电压和各种过电压等,这些均会导致绝缘性能下降,产生沿表面的气体放电现象,通常称沿面放电,这种放电发展到表层空气绝缘击穿时,称为闪络。

(1)干闪电压:绝缘子表面干燥状态时,使其表面闪络所需的最低电压。

(2)湿闪电压:雨水降落方向与水平面呈45°淋在绝缘子表面时,使其闪络的最低电压值。

绝缘子闪络会引起牵引变电所继电保护动作跳闸而中止供电。由于闪络后空气绝缘恢复,绝缘子瓷体尚未受到破坏,可维持使用,所以跳闸后往往能自动重合成功,恢复供电。

但闪络后不及时处理则会引起绝缘老化,发生裂纹、渗水,使内部绝缘性能下降而引起再一次闪络。因此,绝缘子闪络后应及时清扫、更换。

(3)击穿电压:当绝缘老化,绝缘元件被破坏甚至炸裂,完全失去绝缘性能时称绝缘子击穿。击穿电压是指绝缘子绝缘元件被击穿损坏而失去绝缘作用的最低电压。绝缘子击穿后应立即进行更换。

(4)绝缘泄漏距离:绝缘泄漏距离是指绝缘元件表面的曲线长度,即两电极间绝缘表面的爬电距离,俗称“爬距”。泄漏距离是反映绝缘子绝缘水平的重要参数。

接触网绝缘水平应符合如下规定:接触网的绝缘泄漏距离,轻污区不应小于960 mm,重污区不应小于1 200 mm;在实现V形综合维修天窗的双线电气化区段,上、下行正线间分段绝缘子串的绝缘泄漏距离可相应增大为1 200 mm和1 600 mm,在有条件的车站,上、下行正线间绝缘子串宜分段设置。在无确切污秽资料的条件下,应按重污区的要求设计。

2.1.4 电压分布测量

绝缘子电气性能随着时间增长，其绝缘强度会逐渐下降，这种现象称为老化。为保证绝缘可靠，在使用中每年至少应进行一次绝缘子电压分布测量，检查绝缘性能是否正常可靠。当电压分布测量时，绝缘子串中某一片绝缘子的电压分布为零，即使瓷体外部完好，也说明这一片绝缘子击穿了。

棒式绝缘子的瓷柱是实心的，其作为固体介质，在两电极间（底座和腕臂或压管内）厚度相当大。根据固体介质击穿电压性能，它在接触网电压下是不可能发生击穿的，它和悬式绝缘子裙边一样存在“闪络”问题，所以绝缘子电压分布测量只是对悬式绝缘子测量。

电压分布测量要求如下：

（1）电压分布测量用电压分布测量仪器进行，绝缘杆要有足够的绝缘长度，其长度不小于1 000 mm，保证人体（包括所持非绝缘工具）距带电设备之间不得小于600 mm。

（2）测量仪器的放电间隙 b 调至1～3 mm。

（3）测量仪的两个金属探针分别接触绝缘子两侧金属体，即 A 点（钢帽）B 点（杵头或耳环）。

（4）接触网电压在绝缘子串上的电压分布，是从带电侧到接地侧依次减小的。因此，放电声音也相对逐渐减弱。当测量绝缘子串某一片绝缘子时，放电间隙放电说明该片绝缘子电气性能合格，在“绝缘子电压分布记录”的“电压分布”栏填写“合格”。否则为不合格，在“电压分布栏”填写“不合格”，“绝缘子电压分布记录”格式见表5-3。

表5-3 绝缘子电压分布记录

支柱（隧道及悬挂点）号	绝缘子类型	电压分布（自接地侧依次）（kV）				
		1	2	3	4	5

（5）测量绝缘子串电压分布时，应从接地侧依次向带电侧测量，当三片一组中有一片，四片一组中有二片绝缘子无间隙放电时，即停止测量，以保证设备运行和测量人员的安全。

2.2 标准学习

《维修规则》第一百五十四条 接触网绝缘部件的泄漏距离0、Ⅰ、Ⅱ级污秽等级区域，接触网绝缘泄漏距离不小于1 400 mm；Ⅲ、Ⅳ级污秽等级区域，接触网绝缘泄漏距离不小于1 600 mm。

供电线、正馈线、加强线、电缆终端、接触悬挂下锚、软横跨接地侧、隔离开关绝缘子及分束供电的分段处绝缘子泄漏距离不小于1 600 mm。

在海拔超过 1 000 m 的地区,上述泄漏距离应按规定增大。

《维修规则》第一百五十五条 Ⅲ、Ⅳ级污秽等级区域以及高路堑、跨线桥两侧、接触网下锚、分段、分相处宜采用复合绝缘子。

《维修规则》第一百五十六条 绝缘部件不得有裂纹和破损。瓷绝缘子的瓷釉剥落面积不大于 300 mm^2,连接件不松动。

《维修规则》第一百五十七条 在运输装卸和安装绝缘子时应避免发生冲撞,不得锤击与瓷体连接的铁帽和金属件,同时也不得对其进行机械加工和热处理,铁帽和金具无锈蚀。

《维修规则》第一百五十八条 接触网空气绝缘间隙符合表 5-4 要求。

表 5-4 接触网空气绝缘间隙表

序号	项目	正常情况下最小值(mm)
1	接触线、承力索、供电线、加强线、正馈线等带电部分至固定接地体间隙	300
2	接触网带电部分至机车车辆或装载货物的间隙	350
3	接触线、承力索、供电线、加强线、正馈线等带电部分至跨线建筑物间隙	500
4	受电弓振动至极限位置和导线被抬高的最高位置距接地体的瞬间间隙	200
5	25 kV 带电绝缘子接地侧裙边距接地体间隙	100
6	43.3 kV 绝缘间隙(关节式分相)	400
7	50 kV 绝缘间隙(AT 区段正馈线与接触网间)	540

注: 1. 当海拔高度超过 1 000 m 时,上述距离应按海拔修正系数进行修正。
2. 回流线、保护线、架空地线、架空避雷线距固定接地体或桥梁及隧道壁的正常情况下最小距离 150 mm。

2.3 具体检修

1. 检查内容

(1)绝缘子表面清洁度。

(2)绝缘子表面瓷釉完整性。

(3)绝缘子与铁件连接状态。

(4)检查绝缘子表面放电痕迹。

(5)悬式绝缘子弹簧销状态。

(6)棒式绝缘子本体弯曲度。

(7)棒式绝缘子滴水孔安装方向。

(8)各部位螺栓紧固力矩。

2. 检修

(1)当绝缘子表面脏污时：

①瓷质绝缘子用中性清洁剂擦洗至无明显痕迹，再用清洁干燥的抹布擦拭绝缘部分。

②硅橡胶绝缘子一般只需用干抹布扫去表面灰尘即可，如确须清洗时，用清水或中性清洗液擦洗，然后用清洁干抹布擦拭干净。

③分段、分相用的特殊绝缘材料的清洁维护应严格遵照产品说明书的要求。

(2)当瓷釉破裂或复合绝缘子裙边受损以及表面龟裂老化时：

当瓷釉脱落或复合绝缘子裙边损坏超过300 mm^2及表面龟裂老化严重时，对该绝缘子进行更换。

①更换腕臂棒式绝缘子。

使用专用腕臂绝缘子更换器，将其一端固定在支柱上，另一端固定在腕臂上，通过转动调节丝杆，使损坏的绝缘子处于不受力状态，将损坏的绝缘子取下后更换上同类型、同规格的合格绝缘子，紧固各部连接螺栓，撤下腕臂绝缘子更换器。直线和曲外的棒式绝缘子更换可采用作业车或手扳葫芦等进行更换。

②更换下锚绝缘子串。

使用两个紧线器分别打在杵环杆和承力索上，通过钢丝套和手扳葫芦将绝缘子紧至不受力，将损坏的绝缘子更换后，补齐弹簧销，缓慢松开手扳葫芦，同时观察绝缘子受力状态，直至其完全受力。

③更换附加悬挂绝缘子(串)。

首先用铁线将附加线固定在肩架上，然后抬起附加线，拆除绝缘子，更换新绝缘子，安装完毕后检查各连接部位，确认无误后拆除临时固定铁线。

(3)当绝缘子与铁件连接处出现松动时，对该绝缘子进行更换。

(4)当绝缘子出现环状或贯通性放电痕迹时，对该绝缘子进行更换。

(5)当弹簧销出现锈蚀导致弹性不足时，更换该弹簧销。

(6)当棒式绝缘子本体弯曲度超过1%时，对该绝缘子进行更换。

(7)当棒式绝缘子滴水孔方向安装错误时，拆除该绝缘子，排除其内部积水，然后按照正确的方式重新安装。

(8)按照标准紧固各部螺栓。

任务3 检修避雷器

3.1 设备认知

接触网工作的额定电压为25 kV,但在某种情况下会出现超过25 kV的电压,称为过电压。过电压分为操作过电压和大气过电压。大气过电压是指在接触网附近发生雷击或落雷时接触网产生的过电压。这种峰值很高的过电压会使绝缘子闪络、击穿而发生短路事故,造成接触网设备损坏,因此采取必要的防大气过电压措施。避雷器是一种安装在接触网支柱上,与接触悬挂相连接,作为接触网大气过电压保护之用的设备。安装了避雷器,就能及时地将雷电引入大地。

目前交流电气化铁路接触网上常采用GXSI-35/0.7-3型管型避雷器和SG-1型角隙避雷器。

1. 管型避雷器

管型避雷器的安装结构如图5-6所示。

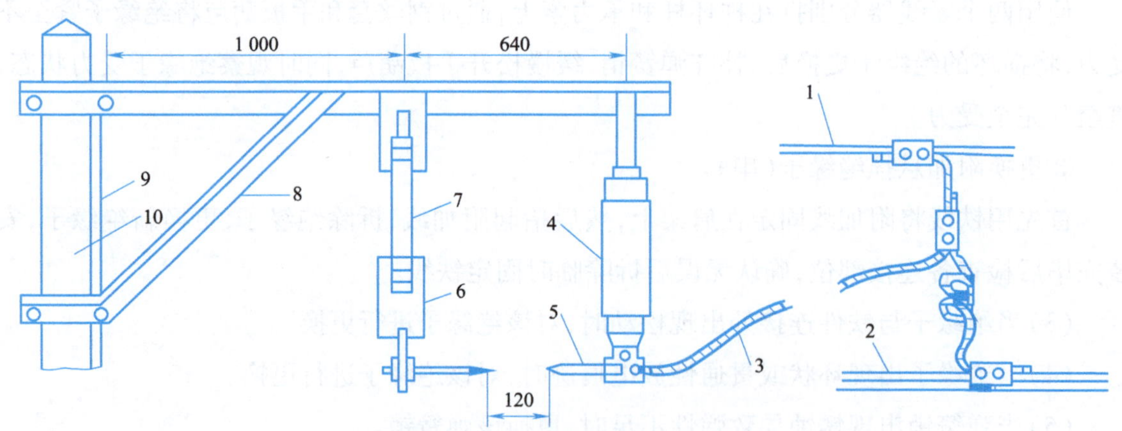

图5-6 管型避雷器的安装图(单位:mm)

1—承力索;2—接触线;3—电连接线LJ-150;4—TB-25A型棒式绝缘子;5—放电极棒;6—极棒调节极;7—GXSI35/0.7-3型管型避雷器;8—支架;9—地线;10—支柱

它是由内部间隙、外部间隙和发生气体的管子组成。

外部间隙由两个针尖相对的极棒构成,其作用是使避雷器在正常运行时,避免管子承受电压,防止管子表面长时间通过泄漏电流而引起破坏。

内部间隙在管子里,由一个棒形电极和一个环形电极组成。

管子是用棉花纤维制成的元棉纸加氯化锌胶液粘制成的，它一端封闭，另一端开有管口。

当接触网遭受雷击时，避雷器在大气过电压作用下，其外部间隙和内部间隙相继被击穿，在放电瞬间，强大的放电电流在内部间隙中产生高温电弧，管子内壁在高温电弧作用下融化，产生高压气体并从管口一端喷出，靠高压气体的流动将管内电弧吹灭，放电终止，使接触网恢复对地绝缘。因此管子和内部间隙的主要作用是灭弧，防止接触网 25 kV 的工作电压也通过避雷器而泄漏大地。整个灭弧过程可在 0.01～0.02 s 的时间内完成。

管型避雷器在安装时，要注意管子应垂直安设，管口朝下，防止雨水进入管内，并不得有杂物堵塞管口；外部间隙两极棒应水平放置，针尖相对，间隙调节至 120 mm，放电间隙过大则不易被过电压击穿，起不到保护作用；放电间隙过小又会使避雷器在接触网的正常工作电压作用下而放电击穿，造成短路事故。因此一定要准确调整外部间隙尺寸，允许偏差为 ±10 mm。避雷器的接地端应保证可靠接在牵引轨上。

2. 角隙避雷器

角隙避雷器是由角型间隙、支持绝缘子、支持钢管及底座组成，并安装有动作记录器，其结构如图 5-7 所示。

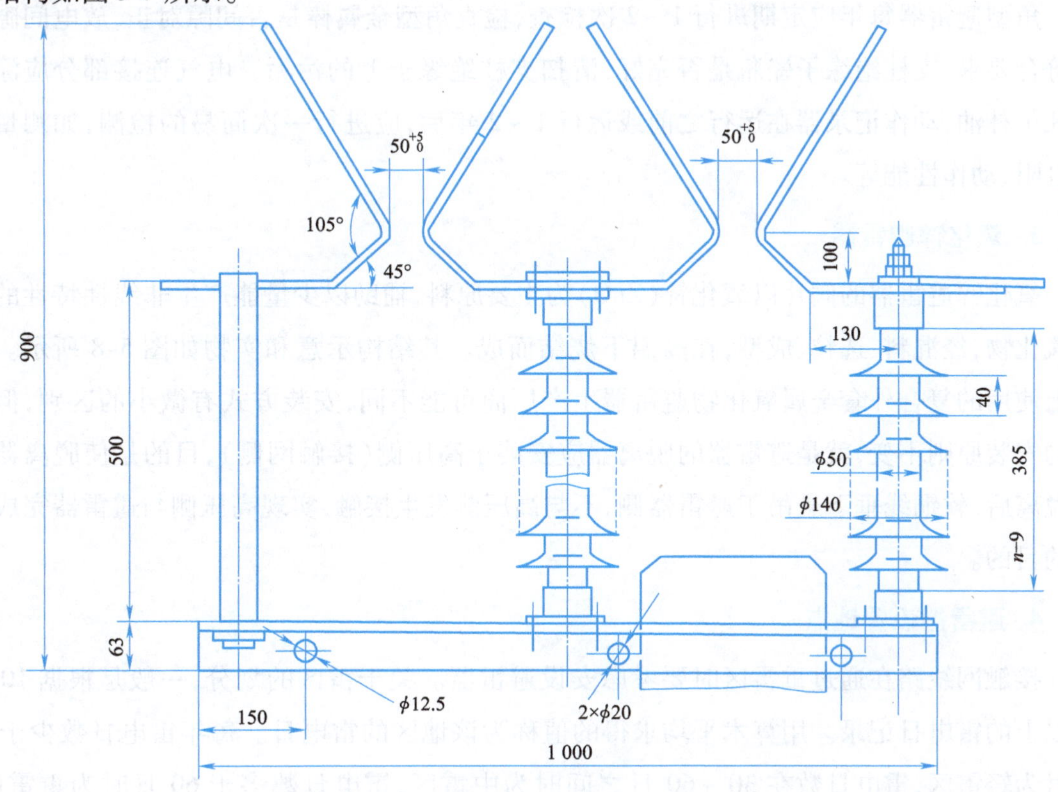

图 5-7 角隙避雷器的安装图(单位:mm)

放电角型间隙是角隙避雷器的关键部分，它由两个串在一起的火花间隙组成，其中一个靠边的角固定在防污型支柱绝缘子上，用截面不小于 25 mm^2 的钢绞线或 70 mm^2 钢芯铝线将其连接到接触网，而另一个靠边的角则通过支持钢管和地线接到钢轨上(或架空地线上)。

当接触网产生过电压时，角隙击穿放电电流被引入大地，此时角隙之间的电弧在电动力和上升的热气流作用下，自动沿着开放的角型导体向外拉长，弧柱迅速变细并在大气中冷却熄灭，使接触网又恢复到正常工作状态。

角隙避雷器具有制作容易、安装方便、维护简单、防护效果好、使用寿命长的特点。由于支持绝缘子采用了 ZSW 型棒式支柱绝缘子，泄漏距离为 1 200 mm，是加强性防污瓷柱，从而提高了避雷器的防污能力及接触网运行的可靠性。

角隙避雷器一般安装在接触网支柱顶部，与线路中心呈 45°～90°角，在该角度下形成一环线状，以便在放电时电动力效应得到充分发挥。也可以将避雷器安装在肩架上，这时应将其接地的角隙置于支柱侧，并应使避雷器与支柱间有不小于 1m 的距离。接地侧的角通过接地孔。

连接导线与动作记录器连接，记录器应可靠地连接在地线上。

角型避雷器每年应定期进行 1～2 次检查，检查角型金属棒是否间隙对正，放电间隙是否符合要求，支柱绝缘子瓷瓶是否完好，清扫支柱绝缘子上的污垢。电气连接部分应涂工业凡士林油，动作记录器在运行之前或运行 1～2 年后，应进行一次简易的检测，如测量直流电阻、动作性能等。

3. 氧化锌避雷器

氧化锌避雷器的阀片以氧化锌(ZnO)为主要原料，辅助以少量能产生非线性特性的金属氧化物，经混料、选粒、成型，在高温下烧结而成。其结构示意和实物如图 5-8 所示。线路上使用的复合外套金属氧化物避雷器生产厂商可能不同，安装方式有微小的区别，但主要的安装原则不变，就是避雷器的脱离器应安装于高压侧(接触网侧)，目的是使脱离器发生脱离后，软铜线垂下悬吊于避雷器侧，不与高压侧发生接触，实现高压侧与避雷器完成脱离的目的。

4. 避雷器设置地点

接触网线路在通过重雷区时要考虑安设避雷器。关于雷区的划分，一般是根据 10 年及以上的雷电日记录。用算术平均求得的值称为该地区的雷电日。每年雷电日数少于 30 日时为轻雷区，雷电日数在 30～60 日之间时为中雷区，雷电日数多于 60 日时为重雷区。《铁路电力牵引供电设计规范》(TB 10009)规定：根据雷电日及运营经验，对接触网进行大气过电压保护。

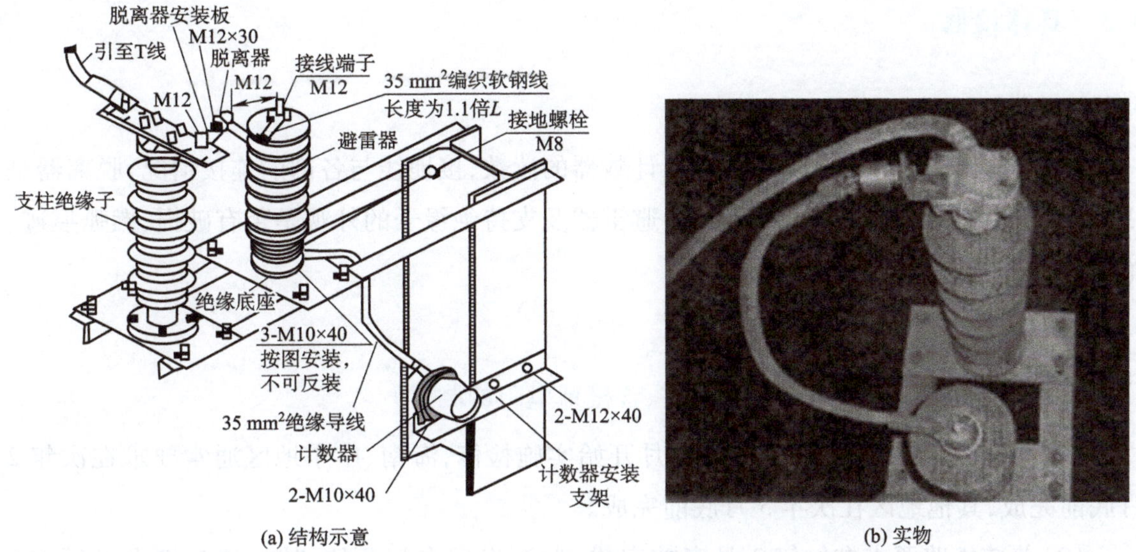

(a) 结构示意　　(b) 实物

图 5-8　氧化锌避雷器示意

注意，吸流变压器的一次侧，宜设避雷装置；重雷区及以上，在下列重点位置应设避雷装置：

①分相和站场端部的绝缘锚段关节。

②长度为 2 000 m 以上的隧道两端。

③供电线连接到接触网上接线处。

④分区亭、开闭所、AT 所引入线处。

3.2　标准学习

《维修规则》第一百五十九条　接触网防雷装置通常由避雷线或避雷器、引下线和接地装置组成。

避雷器引下线应直接从避雷线（避雷器）连续、完整、最短距离的引下并可靠接地。引下线的材质、结构和最小截面应满足雷电流强度检算并不小于避雷线的铜当量载流截面。

接地装置应状态良好，接地极、接地线的敷设和焊接应满足设计要求。

《维修规则》第一百六十条　避雷装置接地电阻超标时，应分析原因并采取措施，必要时进行开挖检查。雷电活动强烈的地区，应增加避雷装置的检查次数。

《维修规则》第一百六十一条　雷害发生后，应及时调查雷害具体原因和后果损失，总结分析，提出改进措施。

《维修规则》第一百六十二条　接触网单独设置的防雷接地体（极）在贯通地线上的接

入点与其他设备在贯通地线上的接入点间距不应小于 15 m。

3.3 具体检修

3.3.1 巡视

巡视检查避雷器的主要内容:读取计数器的读数,接地线与各部的连接情况,脱离器是否炸裂,引线是否松脱、弛度是否适中,避雷器及支持绝缘子的外观是否有破损、燃弧痕迹、绝缘层是否破损等。

3.3.2 检修

1. 检查周期:12 个月(雷雨季节前、含接地电阻的测量)

(1)高速铁路要求一般在每年 11 月开始实施检修,海南、广东地区通常要求在次年 2 月底前完成,其他地区在次年 3 月底前完成。

(2)普速铁路要求在每年 3 月底前完成(监测发现有问题的,其整治工作也必须在 3 月底前完成)。

2. 检修内容

避雷器检查包括避雷器支架、引线吊架状态、设备线夹、脱离器、绝缘部件及各零部件螺栓、螺帽等,测量绝缘电阻值,计数器、接地装置等。

(1)外观检查支架安装水平,误差为 $^{+100}_{\ 0}$ mm,无锈蚀,若有锈蚀应除锈喷锌。

(2)外观检查避雷器本体及支撑绝缘子表面无裂缝、无破损、无脏污、无烧伤痕迹,并对其进行清扫。

(3)脱离器安装在高压侧,接地侧应接在避雷器上,连接良好,如破损应更换。

(4)电连接部分检查,检查连接部位接触应良好,螺栓如有缺失、松动将螺栓按标准力矩紧固并划线。避雷器引线对接地体距离,任何情况下不小于 350 mm。小于 350 mm 时,引线必须根据现场情况进行调整。

(5)计数器计数检查,外观密封良好,连接部位接触良好,记录动作次数。

(6)接地引线无断线、断股、松弛,接地引线表层绝缘体外表无严重损伤,固定抱箍安装牢固。在天气干燥情况下测量避雷器接地电阻,其接地电阻不大于 10 Ω。小于 10 Ω 时,接地极参照“接地装置检修作业指导书”进行整改。

参 考 文 献

[1] 谭秀炳．交流电气化铁道牵引供电系统[M]．2 版．成都:西南交通大学出版社,2007.

[2] 李群湛,连级三,高仕斌．高速铁路电气化工程[M]．成都:西南交通大学出版社,2006.

[3] 于万聚．高速电气化铁路接触网[M]．成都:西南交通大学出版社,2003.

[4] 中铁电气化局集团有限公司．电气化铁道接触网规划、设计、施工[M]．北京:中国电力出版社,2004.

[5] 李宗文．接触网施工与检修[M]．北京:中国铁道出版社,1996.

[6] 中国铁路总公司．高速铁路接触网故障抢修规则[S]．北京:中国铁道出版社,2014.

[7] 中国铁路总公司．高速铁路接触网运行维修规则[S]．北京:中国铁道出版社,2015.

[8] 中国铁路总公司．高速铁路接触网安全工作规则[S]．北京:中国铁道出版社,2014.